觉醒的妈妈有力量

绽放自己，滋养孩子

吴琼 / 著

北京理工大学出版社
BEIJING INSTITUTE OF TECHNOLOGY PRESS

版权专有 侵权必究

图书在版编目（CIP）数据

觉醒的妈妈有力量：绽放自己，滋养孩子 / 吴琼著. -- 北京：北京理工大学出版社，2022.1

ISBN 978-7-5763-0488-6

Ⅰ.①觉… Ⅱ.①吴… Ⅲ.①家庭教育 Ⅳ.① G78

中国版本图书馆 CIP 数据核字 (2021) 第 204851 号

出版发行 / 北京理工大学出版社有限责任公司
社　　址 / 北京市海淀区中关村南大街 5 号
邮　　编 / 100081
电　　话 /（010）68914775（总编室）
　　　　　（010）82562903（教材售后服务热线）
　　　　　（010）68944723（其他图书服务热线）
网　　址 / http://www.bitpress.com.cn
经　　销 / 全国各地新华书店
印　　刷 / 三河市华骏印务包装有限公司
开　　本 / 880 毫米 × 1230 毫米　1/32
印　　张 / 7.5　　　　　　　　　　　　　　　责任编辑 / 李慧智
字　　数 / 157 千字　　　　　　　　　　　　　文案编辑 / 李慧智
版　　次 / 2022 年 1 月第 1 版　2022 年 1 月第 1 次印刷　责任校对 / 刘亚男
定　　价 / 58.00 元　　　　　　　　　　　　　责任印制 / 施胜娟

图书出现印装质量问题，请拨打售后服务热线，本社负责调换

本书赞誉

▶ 很多女性是有了孩子后，才发现自己身上有无穷无尽的力量。但也有很多妈妈，因为担心孩子的成长而焦虑不安。吴琼老师告诉我们，做相信自己的妈妈，活出自己的幸福，让孩子成为妈妈觉醒的力量。

——秋叶品牌创始人 秋叶

▶ 一个女人的勇敢表现于面对内心的伤痛后还能生出智慧并活出自己。听过吴琼的故事，从被全家否定到含泪写出第一本畅销书，再到这本新书，她的每一次破茧都让我们感动而又充满希望。愿每一位正在成长中的妈妈，都能从中找到觉醒的力量！

——LadyBoss 创始人 柳婉琴

▶ 如果一个女人陷入了"疯狂"，那么她一定是为自己的生命，找到了活着的意义。
和吴琼一起走过了四年，看着她全力以赴，看着她穿越自己的山川星河，看着她决然转身，看着她璀璨微笑背后的泪光闪烁。
爱极了她，因为这不是她一个人的模样。
这或许是千千万万的中国母亲，迷茫走向自由的重生之路。

——《我家的历史》总策划 邹璐

▶ 吴琼这本书，从"面对自己"出发，对人生的三大重要课题：原生家庭、亲密关系、亲子关系进行探索，向读者展示：真正的英雄，可以持有两种截然相反的观点，并保持前行，完整地展开自己的生命。吴琼在书中是这样写的，生活中她也是这样做的。她不怕承认自己的脆弱，专注当下，鼓励自我，勇敢前行，用自己的觉醒，活出了妈妈的力量，滋养了孩子的成长。

——亲子关系畅销书作家 卢丹丹

▶ 都说孩子是妈妈这一生致命的软肋,妈妈爱孩子的初心都是一样的,可是孩子的世界越来越宽阔,而妈妈的世界好像越来越狭小。在"双减"政策下,要大声跟内卷妈妈告别。我们是孩子的原生家庭,他们童年记忆的好坏都由我们决定。《觉醒的妈妈有力量》一书让我非常好奇:那个叫"自己"的小孩在哪里?家庭关系稳如泰山的秘籍如何修炼?情绪大挑战的开关怎么设置?书中的答案让早一步觉醒来得很及时,招招都可以事上练!

——艺中教育品牌创始人 刘薇

▶ 吴琼与他人对话的目光总是温暖的,不时露出微笑,或释放出一连串的真诚及骨子里的勇敢,这也许就是我们一直在寻找的"柔美又强大"的力量,非常珍贵。而这些都是她经历磨炼所得。祝贺她,也祝贺未来因读了这本书而收获这种美好力量的每一个"你"。

——上相品牌创始人 韦素佩

▶ 推荐序

吴琼让我为她的第二本作品写序，我是有点忐忑的，甚至在看到信息的第一秒钟，竟然犹豫了。犹豫的点在于，她第一本我已经作序了，而她的第二本我觉得可以请更卓越的前辈来提笔，怎么会想到让我继续呢？

犹豫间，忽然想到，我经常在课堂上说的那句："我给大家讲课，不仅大家要成长，我也要成长。"可能吴琼在听这句话的时候，突然走心了……所以她希望用"让我继续写序"的方式提醒我，学生在持续输出作品，我这个做老师的也不能停止脚步。

而看到她发来的书名《觉醒的妈妈有力量》，这篇序的内容也不知不觉涌上了心头。

她是一个觉醒的妈妈。

在 2019 年 1 月 14 日，她就开始了一趟很特别的旅途。

她准备挑战 1 000 天的演讲打卡，每天录制 3 分钟视频，写 500 个文字，并且在每晚 12 点之前把以上两份作业发送给我。如果少交、没交或者迟交，都要主动为公益慈善乐捐 1 000 元。

这一路上，她也有过失误，有过忘记，但更多的是一种觉醒。这种觉醒叫说到做到，这种觉醒叫每日精进。而就是这种觉醒，让她在 2021 年 10 月 14 日顺利完成了 1 000 天演讲打卡挑战。

相信这 1 000 天的坚持，将是她人生路上一段特殊的回忆。

她是一个绽放自己的妈妈。

记得在吴琼写第一本书的时候,遇到了许多的困难。身边人的打击就不说了,更重要的是写的书稿一次次石沉大海,出版之日遥遥无期。很多人在面对这种情况的时候,早就放弃了,但是她没有。

她跟我说:"我的命运是掌握在自己的手里,而不是在别人的嘴里。"就这样,靠着这股劲儿,不仅出了第一本书,今天也迎来了她第二本书,估计第三本也已经在路上了。

说实话,这些年课讲多了,见的人也多了。很多人动不动就在课堂上喊自己要绽放,但是过一段时间,你回过头去看,他好像也没绽放到哪里去。所以,口头喊的,充其量叫释放,而拿出作品的才叫绽放,比如你正在阅读的这本书,就是真正的有力量的绽放。

她是一个滋养孩子的妈妈。

我现在也在培养很多的青年讲师,基本上是按照三个流程来走:第一,我说你听;第二,我做你看;第三,你做我看。也就是说要手把手带学生,并且影响学生越来越好。

而吴琼这一点做得特别到位。

我经常听到很多的妈妈跟我抱怨:"哎呀,我的孩子经常在家玩手机,不好好学习。"我心想:"对啊,因为你天天回家也玩手机啊。"孩子永远不会听你说什么,孩子只会看你做什么,然后模仿你做什么。

吴琼自己坚持了1000天演讲打卡,她不仅滋养了自己的孩子，让孩子学会坚持，爱上了演讲，更影响了许多的孩子持续练习演讲。

她是一个优秀的妈妈，更是一名优秀的教练，也许未来大家不仅可以听到她讲课，更能听到很多她培养出来的孩子讲课。

写在最后：

一路看着吴琼走来，有太多的不容易都藏在心里了。也许那些流过泪的岁月，要等我们更强大以后再拿出来分享，才会更有味道。

我经常跟吴琼说："发生在你身上的一切，都是为了让你更好地体验人生，然后把它写出来，滋养更多人。"

希望这本书能够让你看到一个妈妈蜕变的过程，如果里面有一段，或者哪怕只有一句让你有所获益，那么吴琼这些年的经历也就值了。

许晋杭

2021年10月15日

深圳

自 序

曾经有一段时间，Mike 和我在一起时，他只要磕碰到哪里，就会说："妈妈，都怪你挤到我了""都是你的错"，我当时还在想，可能是因为孩子以自我为中心，才会觉得一切都是别人的错。

我说："怎么能怪妈妈呢？明明是你自己不小心。"

Mike 生气地说："就是怪你，你这个坏妈妈。"

我知道孩子毕竟是孩子，也没过于纠正，但模模糊糊地觉得他说的话似曾相识。

直到有一次，我们出门时，我忘了给他带水杯，而送他去上学时间很紧张，我也不想重新买个水杯，就决定拉着他快速回家拿，一出口就是"都是你磨磨蹭蹭把时间耽误了，我忘记带水杯了，我们回去拿"。

刚出口的那一瞬间，语言像是一面照妖镜，把我照得原形毕露。

原来是我的问题，我为什么要怪他？怪不得他有问题时老是怪我，这就是我的课题啊。我赶紧说："对不起，是妈妈错了，是妈妈忘记了，我不该怪你。"

那一刻，他很安静，没说什么，但我知道他听进去了。

以前孩子有缺点，我常会说他，后来才明白：凡是我所排斥的，就是我要学习和觉察的。我们与孩子的关系，不断地反映着我们该学习的课题是什么。孩子显露出来的不完美，会显露我们的阴影是什么，他们会一再重复我们不喜欢的言行，来让我们学习。

《觉醒的妈妈有力量》这本书围绕着自我觉察这一核心，去看见自己，看见自己与身边人的关系。

当我们能够不断地看见自己，驯服自我的次数才会越来越多，而每当我们能够驯服自我，内心的平静和喜悦会让我们感受到来自自我真正的力量，而这时，我们才能更好地接纳自己。

本书分为两大部分，第一部分是面对自己的部分，因为只有看见自己，才能滋养孩子。

在育儿过程中，有太多的一地鸡毛和鸡飞狗跳，疲惫好像是生活的常态。看了太多育儿书、上了很多课，回到现实中，内在的"自我"会习惯性地跳出来，烦躁地喊："我太难了！"

生活中，我们也可能是"我做不到，生气了不对孩子发脾气"，也可能是"我做不到，不和他吵架"，也可能是"我做不到，天天给孩子高质量的陪伴"，也可能是"我做不到，为孩子成为学霸"，还可能是"我做不到，总是读懂孩子的感受"……

我们总被外界鼓励要去"做到"怎样怎样，但是"做不到"的部分，不仅需要被自己看见，而且蕴含有大智慧，需要我们用心感受到。看见，即疗愈。同时，我们也要看见自己的"做到"。人生不是一道改错题，我们应该在自己的优势里活出精彩。

《中庸》开篇就是"天命之谓性，率性之谓道，修道之谓教。"什么是性？性就是我们的禀赋、优势，当你了解你的

自 序

"性"之后,才能真正地率性地活,把自己的优势活出来,按照自己的禀赋优势过一生才是真正的道,才是遵循天道。修道之谓教,在这条天命之路上去修炼自己,也是人生的必然之旅。

在儒家文化中,"仁"是核心。有一次,孔子就问学生:"什么是智?什么是仁?"子路说:"智者使人知己,仁者使人爱己。"孔子说:"可谓士矣。"

子贡说:"智者知人,仁者爱人。"孔子说:"可谓士矣。"

颜回说:"智者自知,仁者自爱。"孔子说:"可谓士君子矣。"

孔子认为的自爱的仁者才是士中的君子。自爱,也就是要爱自己,爱自己不是说要对自己好一些,而是要不断修正自己,活出生命的意义,这也是书中第一部分所想表述的核心。

本书的第二部分,是面对关系的部分,父母、夫妻、亲子,都是自我觉醒与成长的修炼场。

戴维·布鲁克斯在《第二座山:为生命找到意义》中认为,人要爬两座山,第一座山是自我之山,我们希望实现自我,希望获得幸福。第二座山却是关于别人的,是关于失去自我的,你可以为了别人或者为了某个使命,而宁可失去自我;为了使某个使命,你可以默默奉献。

专注第一座山的,未必能想明白为什么要爬第二座山,但只要在前行中,你终将会明白。当你愿意去付出爱、去贡献的时候,那些与身边人的关系就成了你的第二座山,你在践行誓约的过程中慢慢改变自己,变成了一个更好的人,就会感受到内心的喜悦。

布鲁克斯认为爬第一座山带给人的幸福感是有限度的，你的人生为什么东西而去拼搏呢？很多时候我们都会一边奋斗一边迷茫。但其实每个人都有第二座山，比如说你正在跟老公吵架的时候，突然你的孩子闯了进来，你知道两个人当孩子面吵架对孩子不好，所以你就按捺住自己的情绪不说话了。这时候的你是主动愿意去选择第二座山。

所以，第一座山讲的是个人自由，而第二座山讲的是责任承诺和亲密关系；第一座山讲的是获得幸福，而第二座山讲的是获得喜悦。幸福是变幻无常稍纵即逝的，喜悦却是深刻和持久的。幸福能让我们感到快乐，而喜悦却能改变我们。

你可以为了孩子，也可以不仅仅为了孩子而忘记自我。我也很喜欢布鲁克斯曾说的"忘记自我的那个状态是值得我们追求的"。

所以，回归到教育的初心，只有我们先把人的价值活出来，女性的性别优势才能为我们赋能，我们成为妻子、妈妈、女儿的身份价值感才更笃定。当我们的自我笃定时，才有爱和力量去贡献。

真正的幸福不是来自财富，而是贡献感。我们不是考虑"这个人会给我什么"，而是要思考"我能给TA什么"。这里说的是"贡献感"而不是"贡献"，贡献感是由自己决定的。贡献感不是做了多少事，赚了多少钱，行为起到了什么结果，而是你认为自己做出了贡献，你就做出了贡献，当下就很幸福，就是这么简单纯粹。

所以，成为妈妈，当我们能不断地觉察、修正自己时，将是一场了不起的自我修行之旅,我们会感受到来自生命意义的美妙。

最后,这本书的出版想感谢很多人,感谢我的老公、爸爸、孩子、婆婆,他们都是我内心的山,一想到他们,就会让我无比有力量。

很多时候我会迷茫,找不到前进的意义,通过不断觉察,我慢慢顿悟到:存在本身就是意义。感恩我的家人,无论我做得好或者不好,都对我不离不弃,包容我,接纳我。

感谢我的老师许晋杭先生,是他不断地鼓励我,让我知道我可以,让我相信自己,让我知道凡事要靠自己,我在老师的引导下,越来越能找到自己的力量。

感恩我的老师秦老师,是他不断地支持我,指导我出版了第一本书《孩子一学就会的黄金口才课》,以及现在这本《觉醒的妈妈有力量》。第一本书助力我在合肥开设了蜜柚树青少年演讲力课程,第二本书助力我在深圳开设了觉醒父母课程,这些都是我人生的转折点。感恩秦老师一直以来的支持,他也帮助了很多很多像我一样的作者,让大家不断变得更好。

感恩我的老师王芙蓉教授,感恩她在家庭教育上对我的指导和引领,让我看到了家庭教育体系的恢宏和磅礴,也让我感受到家庭教育中妈妈角色的重要性。她像是我远行路上的北极星,照亮我在家庭教育路上前行的方向。

感恩我身边支持我、爱我的朋友们,要感谢的人太多,太多。

感谢大家对我和这本书的支持,当然本书也难免有局限性,这些内容是我在家庭教育当中的一些粗浅的理解,可能会有一些偏差,也希望广大读者在阅读中不吝赐教。

作为一个"长期主义者",我也会坚持写下去,写书对于我来说,它的价值是在我百年之后,书中的内容还能持续地给读者带来希望,带来欢喜,带来力量,带来方便。如果你能受益,请让我知道,因为这是我最大的成就。

吴 琼

2021 年 10 月 20 日

于合肥蜜柚树教研室

第一部分

面对自己：
看见自己，才能滋养孩子

第 1 章 • 妈妈要先"看见"自己，再去养育孩子
终其一生，我们都在渴望一个看见自己的人 / 03
最有力的看见，莫过于自己看见自己 / 06
做妈妈，是人生的一场修行 / 08
丰盛花园：把意义储存在心中 / 13

第 2 章 • 放下自我攻击，做相信自己的妈妈
重新思考你对什么自信，对什么谦虚 / 16
心法一：把"过去的你"和"现在的你"分离 / 19
心法二：把"你的观点"和"你本人"分离 / 21
丰盛花园：给负面标签换个框 / 24

第 3 章 • 摆脱别人的期待，活出自己的幸福
强人应该懂的生活哲学，是先要自由 / 27
真正的幸福不是来自财富，而是来自贡献感 / 29
关于改变，你一直都有选择 / 31
丰盛花园：鼓励自己 / 33

第 4 章 • 自我的咆哮，是因为孩子还是因为自己？
"你再不收拾玩具，我就把你的玩具扔到垃圾箱" / 37
当鲨鱼音乐响起，你该如何面对 / 39
别逃跑，转身面对黑影 / 40
丰盛花园：为自己调频 / 42

第 5 章 • 孩子如何帮助我们觉醒？
用心，感受来自那些挑战时刻的呼唤 / 45
行为的觉醒，关注当下的力量 / 47
大师修炼之路，从向孩子学习开始 / 49
丰盛花园：身体扫描 / 52

第 6 章 • 疗愈"内在小孩"，把自己爱回来
内在枷锁不挣脱，我们再努力也无法成长 / 56
任何时候，你都有选择的权利 / 58
疗愈自己，持续给自己爱和陪伴 / 60
丰盛花园：好好爱自己 / 61

第 7 章 • 一念之转，改变看待自己的方式
时而坚定时而怀疑的自我 / 65
与其抱怨，不如把你的问题写在纸上 / 67
改变你人生的 4 句话 / 69
丰盛花园：转念作业 / 75

第 8 章 • 焦虑，在行动中消失

与其等待生活变好，不如朝着逆向生长　/ 79
一天之计在于晨，一生之计在于晨　/ 84
生命里的剽悍原则：最重要的事只有一件　/ 88
丰盛花园：把最重要的时间留给自己　/ 91

第 9 章 • "做不到"的部分，也值得被你看见

"我做不到，不和他吵架"　/ 94
感激，生命送给我们这 40 分的智慧　/ 96
接受"做不到"，更要看见自己的优势　/ 99
丰盛花园：打开优势开关，率性地活　/ 102

第二部分

面对关系：
父母、夫妻、亲子，都是自我觉醒与成长的修炼场

第 10 章 • 更强劲的动力来源于恐惧

教育孩子，往往不是因为爱，而是因为恐惧　/ 107
向内走，看见你恐惧的核心　/ 109
让恐惧流动，让爱分离出来　/ 114
丰盛花园：人生的五样　/ 116

第 11 章 • 走出用爱控制的阴影，让自己轻松前行

不要让别人的错误，成为你一生的负担　/ 120

"读书 + 内省"，才是我们自我发展的转折点　/ 123

一小步策略：听从自己的感觉，而不是别人的建议　/ 127

丰盛花园：滋养你的小小奇迹　/ 130

第 12 章 • 我们为什么要结婚？

婚姻里的暗礁，一想就痛　/ 133

放下对他的屏障，才能收到他的贡献　/ 135

婚姻，是自我成长的"第二座山"　/ 137

丰盛花园：8 个重要问题　/ 140

第 13 章 • 婚姻里的困境，不是争吵，而是冷暴力

受教育层次越高，冷暴力发生频率越多　/ 146

避免掉入"糟糕盒子"，守住"滑动门时刻"　/ 147

拉波波特谈判法，教你建立婚姻信任　/ 152

丰盛花园：表达赞赏与感谢　/ 155

第 14 章 • 你的反应，是孩子情绪的触发点

转移焦点，从关注孩子到关注自己　/ 159

如果你正在让事情变得更糟，请停下来　/ 161

区分确认和同意，让孩子感受到被重视　/ 163

丰盛花园：优势表扬，看见孩子本身的丰盛　/ 166

第 15 章 • 善于把情绪变成语言的妈妈,是这样炼成的

你能感觉到的,也能被你治愈　/ 169

凡是你所排斥的,就是你要学习和觉察的　/ 171

情绪驯服师的秘密:重复情绪的五大层次　/ 173

丰盛花园:创造你的积极情绪　/ 175

第 16 章 • 爱,是好好练习每一次选择

遇到不喜欢的老师,这个爸爸的选择让我敬佩　/ 180

教育路上,到底怎样做智慧的选择?　/ 185

评估选项的价值,提高你的选择水平　/ 186

丰盛花园:用望远镜的视野,来看当下　/ 189

第 17 章 • 爱的传承,让爱从名词变成动词

儿子从倒数第四到全班第一,她做对了什么　/ 192

让生命影响生命,才是最高效的教育方式　/ 196

金币的力量,让精神传承　/ 200

丰盛花园:不是榜样也没关系,接纳面具后的人格　/ 202

第 18 章 • 爱的能力:从混乱走向平静

开启静默的力量,让爱从生命里觉醒　/ 209

孩子砸小提琴,我们揭竿而起还是选择沉默　/ 211

不用到处寻找方法,就在所在的地方静下来成为爱　/ 214

丰盛花园:花点时间来享受时间　/ 217

第一部分
PART 1

面对自己：
看见自己，才能滋养孩子

第 1 章

妈妈要先"看见"自己,再去养育孩子

> "注意看那些在窗户光线里移动的尘屑。她们的舞蹈就是我们的舞蹈。我们鲜少用心倾听我们内在的音乐,但我们莫不随着她起舞。"
>
> ——鲁米

第 1 章　妈妈要先"看见"自己，再去养育孩子

● 终其一生，我们都在渴望一个看见自己的人

多年来，在我的家长课堂上，经常会听到这样的声音："控制不住对孩子发脾气，发完脾气又开始后悔""感受不到他对我的爱，真不知道这样坚持下去的意义在哪""看着身边的人一个个变得优秀，觉得好焦虑，怎么自己就是不行"。

这个社会，赋予了女性太多的角色和责任，尤其是当女性成为妈妈之后。孩子刚出生那会儿，天天睡不好，身体不舒服，各种情绪都来作祟；等孩子上幼儿园，事业家庭两手抓，照顾孩子的疲惫，事业上的迷茫，还有那总是减不下去的肚腩，看着镜子里愈发圆润的肚子就郁闷；更别提孩子上小学、初中、高中，学区房的问题、争取好的教育资源、陪孩子写作业的烦躁，一个个接踵而至。

真想来一场说走就走的旅行，不过也只能是想想而已，因为不一会儿就被现实打回了原形。我曾经问过妈妈们："那你们有看见自己吗？"有的妈妈说："怎么看见自己，太多事了，两个孩子忙都忙不过来，没有心思哦。"有的妈妈说："我也想啊，可是不知道怎么看见自己。有时刚想让自己开心一些，看到儿子总是在玩手机游戏，气就不打一处来。"

很多时候，我们都把自己放在家庭中最不重要的位置，照顾

好家中大小事务，陪孩子完成学习任务，等孩子睡觉之后，才有时间去做自己想做的事。但是我们如果想改变自己外在的命运，就需要先看见内在的自己。而且，我们越是能看见内在的自己，就越能看到自己的内心是怎样决定了自己的外在命运。

曾经有家长向我咨询孩子写作业的问题，因为她自己对工作兢兢业业、认真负责，所以对孩子要求也是如此。她儿子上二年级，作业特别多，有的时候作业要写到9点多，甚至写得慢的时候要到11点多才能睡觉。一开始她也耐着性子陪孩子，但是儿子一回来写作业，还没写几分钟就一会儿上厕所，一会儿要吃饭，一会儿玩玩橡皮，写一个"我"字能整整写20分钟，她说她实在忍不住，开始大吼："你是怎么回事？写个作业怎么这么难？磨磨唧唧像什么样子！"她这么一吼，儿子也吓得委屈地哭了起来。从那一次以后，儿子对写字就有了更多畏难的情绪。"妈妈，字太多了。""妈妈，我写不好。""妈妈，我不想上学。"她说自己有时也会按捺着性子来劝，后来劝得烦都烦死了。我说："你自己什么感受呢？"她说："我就是觉得老师布置的作业太多，孩子也写得好慢，耽误他晚上睡觉的时间，导致第二天上课就没什么精神，担心长此以往影响孩子的学习吸收效率。可是问了身边很多的妈妈，她们孩子学校的作业也不少，我也不知道怎么办才好。"

我请她设想，如果孩子学习吸收效率低她是什么感觉，她说会焦虑会害怕，害怕孩子学得不好对学习丧失信心。对她而言，这种焦虑和害怕是她承受不了的"毒"，当她承受不了时，就会发泄到孩子身上。当她把故事理清后,她发现这是她的感受,害怕孩子"不够好"的体验让她想起了小时候,她妈妈很少表扬她,找她的缺点能找一箩筐,让她感觉自己好像不论怎么努力,都达不到她妈妈的要求,"你就是胆子小,做事不能坚持,做着做着就容易放弃,你说说你这样以后有什么出息"。原来,问题的根源在这里。"我妈妈从来看不见我,她只知道不停地要求我按照她说的做,做不好她就生气。我从来没有做过我自己,我好讨厌她……"说着说着,她哭了,边哭边说:"老师你知道吗?我好恨啊!"

说出,即疗愈。我们每个人都渴望被看见,小时候,我们渴望被爸爸妈妈看见,被他们爱,可好像只有满足学习好、听话这样的条件时,才会被爱;进入婚姻关系,我们渴望被另一半看见,被他爱,可好像越付出,关系越淡;有了孩子,我们渴望被孩子看见,被孩子爱,可好像越努力,心越累。被爱、被看见,怎么就那么难?

当一次又一次的"得不到"累积起来,会变成你突然崩溃的情绪,也会让神经脆弱而敏感,让你缺乏安全感,从而导致夫妻关系受到影响;在工作中没自信,总害怕做错事,常常觉得自己不够好,被表扬了都不相信,觉得是别人太虚伪,不好意思拒绝,又不敢大胆争取。时间久了,这还会变成你最不想看见的性格部分:拖延、懒惰、敏感自卑、情绪化……你越克制它们,它们越牢牢地长在你的性格里,活在你的生命中,影响你的所有关系。

最有力的看见，莫过于自己看见自己

怎么办？感受情绪的时候，是最能够看见自己的当下。我们需要的不是活在别人的眼光中，也不是活在自己的证明里，而是需要来观察自己什么时候最放松、最自我：是一个人的时候还是多个人的时候？是行动起来的时候，还是安静下来的时候？是去读书、写作、思考的时候，还是去做哪些别的活动的时候？

这其实是看见自己、了解自己的过程。同时，不要去想"为什么跟孩子在一起时，我始终无法控制自己的脾气？"而是要想想"为什么跟孩子在一起时，我需要很强的自我控制，而不是一个很放松的状态呢？"

如果你和孩子在一起时，绝大部分时间处于放松的、自我的状态之中，那么这种情况下你并不需要控制自己的脾气，而是可以自然而然地和孩子相处。你的精神压力没有那么大，精神不疲惫，也就不容易爆发了。然而和孩子在一起时，如果你感受到压力，感觉到控制脾气很难，就该追溯一下自己这种压力是从何而来的？

生气的导火索是什么？为什么不能够放松地、自然而然地成为自我呢？是不是脑海里很多声音提醒你"应该"这样、"应该"那样？如果总是按照"应该"的要求，出一点差错就开始责怪，那么活在那些条条框框里的你又能如何给到孩子真正的爱呢？

那些"应该"是你的声音吗？如果不是，那就感受一下自己

第 ① 章　妈妈要先"看见"自己，再去养育孩子

"想要"的力量。"想要"是一种发自内心的情感状态，当你做自己"想要"的事情，你不会觉得累，而是会觉得安心，轻松，喜悦。感受平静，也感受自己的欢喜。

作家庆山在她女儿满 2 岁的时候，开始恢复工作。她在《我们的人生是彼此独立的》文章中写道："有时我在书房独处很长时间，阅读、做笔记、整理资料、写稿子。间或有或长或短的旅行，几乎隔段时间就出发。那几年，因着种种机缘，去了英国、德国、日本、美国、印度、瑞士、意大利、希腊……时常与她分离。但每到一个国家，我会特意在博物馆或集市或商店里搜集漂亮的当地明信片，带回来之后贴满一面墙壁。有时她午睡之后，我抱着还幼小的她，让她逐幅观赏五彩纷呈的明信片，告诉她，这是佛罗伦萨的古城、纽约的帝国大厦、京都的寺庙、威尼斯的桥……世界很大，世界很美好，等你长大，这一切都在等待你去探索。"

你看，她可以沉浸在自己想要的状态里，充满电，带着梦想的能量来激发孩子对世界探索的渴望，特别有力量。其实，最有力的看见，莫过于自己看见自己。当你花很多的时间跟自己在一起，了解自己的长处，在自己喜欢的事情上发挥出自己真正能发挥的最大价值，最终你会达到雀跃、尖叫不已的成就状态。那时的你，更有光和能量，成为自己喜欢的样子，也能看见孩子内在的光。

李欣频在《人生创意课》中说道："你可以选择忠于自己的生活。你如果忠于自己，多半就会选对；但如果你一直很在意别

人的想法，那很容易迷失。生命应该是雀跃，不该死气沉沉。"我们该如何看见自己，过好自己的人生？在《斯坦福大学人生设计课：如何设计充实且快乐的人生》一书中，作者提出了以下几个问题，帮助我们梳理自己：

是什么赋予了人生的意义？
是什么让你的生活充满了价值？
你是如何和你的家人、你所在的社区，以及整个世界建立起联系的？
为什么金钱、名誉和个人成就会提高你的生活满意度？
在你的人生中，阅历、成长和成就感重要吗？
这些方面有多重要？

在不断的梳理中，你会发现内心的坚定感。《浮士德》中说过："是的！要每天每日去开拓生活和自由，然后才能做自由和生活的享受。"慢慢地，我们就会从看见自己中，从妈妈的身份中找到自由意志。

做妈妈，是人生的一场修行

坎贝尔在《千面英雄》中曾说："英雄的行为是不断破坏当下既成的事物。这个循环的过程不断运转，神话的终点便放在成长的层面。转动、流动才是生活之神的特质，而不是固执的沉重。"

第 1 章　妈妈要先"看见"自己，再去养育孩子

在坎贝尔看来，自由的真谛，是战胜了内心的恐惧，拥抱了内在黑暗后达成的一种状态，这个历程才能称为"英雄之旅"。对于这趟旅程，武志红老师说："英雄之旅不是一棵小树拼命长成正能量满满的大树，而是同时也深入黑暗汲取能量的完整大树，树冠伸向明亮的天空，树根则扎根黑暗的大地。"

最关键的是碰触痛苦与黑暗。碰触了自己的痛苦，才能懂得别人的痛苦；碰触了自己的黑暗，才能容纳别人的黑暗。真碰触到时，会发现痛苦中有馈赠，而黑暗就是力量与生命。而我也是如此，在有了孩子之后，我开始大量阅读育儿和心理学书籍，也开始写书，总想给孩子留下些什么，想成为孩子的榜样。可当我在战斗时，身边太多质疑的声音："就你还写书""你也不看看你是谁""搞了几年了吧，怎么还没搞出来"。

写书之前，我的自我经常站不稳，经不起情绪的拍打，经常被家里人的打击拍碎，以至于我爸爸、老公、婆婆在质疑我时，我也会跟着一起质疑自己到底能写出来什么。而且，一旦有了这种感觉，好像再也没有办法集中注意力，感觉好像被撕裂，内耗特别严重，什么事也做不了。撕一次，撕两次，撕 N 次，自我碎了一地，我常常在午夜梦回时，盯着我出书的目标发呆。

慢慢地，他们再撕我的时候，我内心的愤怒被激发，我是一个女生，内心却像是住了一头愤怒的狮子，在嘶吼咆哮："对，就凭我，就凭我，我一定要写出来给你们看，就是我！"

愤怒已然是我的刀，我的剑，我的所有装备，一点就燃。在我的第一本书出来之前，只要我听到有人质疑我说我不行，我立

刻亮剑，刺回去，毫不手软，就这样他们都不敢随意打击我了。

在写书的过程中，从不断写成到不断被权威否定，从被身边所有人质疑到内心笃定这件事一定要做成，我慢慢看见了内心那个稳稳的自我。这种感觉就像一种向心力，将各种心灵素材凝聚在一起，让我知道"我是好的"，而这，心理学上有个专业术语叫"内聚性自我"，这也成了我成长路上的里程碑。

回顾写书这一路，我收获了很多，更重要的收获是我拥有了可以坚持，也可以放弃的生命状态。因为我发现了一个现实：不管我做什么，总有人质疑和反对我，刚开始我还顾东顾西，后来发现这种顾东顾西的状态特别消耗我，拉扯我，让我感觉自己价值感很低。

所以，我就问我自己：我为什么要写书？因为我触碰到了真实的存在，我发现贫富家庭词汇的积累沟壑之大，影响到一个孩子的自信、学业和以后的事业。如何提升孩子的词汇量的积累，又能让他恰到好处地表达呢？于是，我迫切地想了解，去探索，去研究。这些研究的内容让我莫名的兴奋，让我想要分享给更多人，虽然这让我整整一年都没有多少工作上的收入，但是我付出我的一年精力，去纵深一跃，像疯子一样没有理智。

可是，我一写就是三年，中间放弃了几次，那也没什么。最后，我在短短2个月时间完成书稿。在前几稿没有人修改的情况下，自己写了第六稿——一稿过，我想，最好的答案就是放手自我，让该发生的自然发生。

曾经我被另外两位编辑老师放弃过，所以，当第三位北京理

第 1 章　妈妈要先"看见"自己，再去养育孩子

工大学出版社的秦老师打电话问我："你写书有什么目的？"我心里知道自己的目的是打造个人影响力，但是怎么就凭一本书打造个人影响力，我心里一片迷茫，我说："想有自己的背书。"然后，电话那头的秦老师告诉我该如何一步步做自己的品牌。

之前的放弃和被放弃像是安排好的一样，让我有了向前冲的动力，当我准备好之后，命运就安排了秦老师来到我身边。不管遇到什么障碍，秦老师像是有魔力似的一个一个帮我攻破，用他所有精力和关系为我推书。

就这样，我一个新人作者，在中国新华网做直播，一个小时收听人数达到54万人次，中新网、中青网等几十家新闻媒体相继转载报道我的作品《孩子一学就会的黄金口才课》。

无论是遇到秦老师帮我在各种媒体进行报道、晋杭老师帮我安排在深圳的第一场签售会，还是朋友们帮忙冲榜，让新书第一天就冲榜第一，飙升榜第一，周榜第一，5天内加印，这些事情都有一个共同点：我只是全心全意做着自己手中的事，而这些美好的事都是在我向不可思议的生命之流臣服后才被交到我手中的。

所以，我们什么时候会偏执？当我们处在一元世界的时候，感觉到与自己发生冲突的对方是敌意的"它"时，就会变得偏执。当我感觉到家里所有人全部质疑和打击我时，这时候是不能低头认输的，只要认输，就会有巨大的羞耻感，让我抬不起头，严重地攻击自己。

而当我感受到晋杭老师对我的全然相信、秦老师对我的倾力

协助时，还有蜜柚团队和LadyBoss伙伴们对我的温暖支持时，我感受到了爱。感受到了爱，是放下偏执的关键。虽然你可能会喜欢听到"我一定要坚持到底，我一定要把事情做成"的偏执信念，但如果只有这种感觉在，那就失去了灵活和创造。

当我们能完成内在的整合时，我可以攻击你，也可以放下攻击；我可以执着，也可以放弃；我可以爱你，也可以恨你。两种不同的状态可以同时发生。真正的英雄，可以持有两种截然相反的观点，并保持前行，完整地展开自己生命的过程。想成为孩子的榜样是一场拓展生命能量的旅程，面对内在的恐惧时，永远不要顺从那些所谓的权威，勇敢地拔剑攻击吧，即使最终遍体鳞伤。

当你感受到爱时，更要大胆地拥抱爱，去接纳、内观自己，让自己和爱成为一体，让自己成为爱。有了爱，你才能让爱更好地流向孩子，因为你不可能给孩子你身上没有的东西。有一天，我接到老公的电话，他说幼儿园老师打电话过来让我作为家长代表去做早操，我很迷惑：因为工作的关系，这一年其实班上活动我参与得很少，怎么就变成了家长代表去做早操了？

我想难道因为我长得美被老师发现了？还是我的青春活力和热情感染了老师？自己越想越好笑，于是干脆给老师打个电话，确定一下是不是因为美貌和身材。

后来才知道，幼儿园要进行早操比赛，让我代表家长做5分钟演讲，关于"我运动我健康"的主题，估计老师也知道我写了一本关于青少年演讲力的书。于是，我在孩子幼儿园早操时间做演讲的时候，他们班主任就让他出列在全校小朋友面前看他妈妈在国旗底下作为家长代表做演讲。

当我结束的时候,老师带着他迅速向我跑过来要跟我一起合影,告诉我孩子在底下听我演讲的时候说"老师,我很骄傲"。当时我听到这句话时,内心的喜悦感爆棚,因为我一直都想成为孩子的榜样,没想到这一瞬间就轻轻松松实现了。

梦想实现的样子,轻松喜悦。做妈妈,是人生的一场修行。对孩子的教育,则是生命影响生命的过程。我们要做的不是说教,而是要把自己活成一束光,照亮自己,也照亮孩子。

● 丰盛花园:把意义储存在心中

像孩子一样,带着好奇来看见自己吧,打造属于我们自己的精神世界。不管我们多少岁,都要保持住天真、浪漫的天性,花点时间和精力来感受自己的丰盛。这个时刻,就像走进能量补给的后花园一样,每天看见不一样的自己,活出自我,做一个勇敢的、有个性的同时又很简单的自己,帮助自己在未来的路上更加美好。怎么感受呢?当你感受到挑战、困难、挫败时,找一处安静的角落,闭上眼睛,问问自己:"这些事里面是否有一些重要的意义或值得学习的方面,对我的未来的人生有用?"

当你的答案是肯定时,告诉自己:"现在我想把这份重要的意义或值得学习的方面从事情中分离出来。"同时伸出右手,在脑海中感受这份意义或值得学习的方面被你捧在手上,感受一下它的分量，也感受一下它在你手里的感觉。接下来，慢慢把手按在你的胸口，将这份意义和值得学习的方面融入你的心中，在心里感受一下它进入内心的感觉。问问自己："这感觉舒服吗？"

如果感觉舒服，就可以做几个深呼吸，每次都大力吸气，感受一下这份舒服放大、变得更暖热的感觉。连续做3个以上的深呼吸，直到你感觉它已经完全融入身体的每一个部分，以后都会与你在一起，帮助你、支持你。

这也是NLP（神经语言程序学）心理学中一个疏导情绪的方式，让自己在低谷时，看见自己的美好，永远相信美好的事情即将发生。我也想起《肖申克的救赎》中安迪在监狱中被关3个月的禁闭，出来后狱友问他是怎么熬过来的，他说："我有莫扎特先生陪我。"有意义在心中的人生会努力过好每个当下。

在这里，我想用茨威格《人类群星闪耀时》中的一段话与大家共勉："一个人生命中最大的幸运，莫过于在他的人生中途，即在他年富力强的时候发现了自己的使命。"

第2章

放下自我攻击，做相信自己的妈妈

> 每个人都在对我说话，于是我听不见我思考的回声。
>
> ——尼尔森

● 重新思考你对什么自信，对什么谦虚

很多时候，我们对自己的否定和怀疑，只是因为对自己的认知不够。我身边的一位学员妈妈朵妈的创业之路让人钦佩，她两年前开始创办舞蹈类培训学校，自己一个人负责教学、招生、宣传，有了自己的团队，从一家学校开展到两家学校，又带娃又创业地一路不断创造新的故事。

有一天，在课后闲聊中，我说："你创业真不简单，做得这么好，你看都没有什么宣传，单单是靠口碑介绍就有这么多孩子，还发展了两家学校，真的很厉害。"朵妈一脸认真地看着我，说："哪有，你知道吗？别人说我厉害，我一点也不觉得，我觉得你们说的不是真的。"

我说："你为什么这么觉得呢？"朵妈说："我不知道，就是觉得自己做得不好，不是很自信，前段时间情绪也很焦躁，每次上完课后能量就会多一些，但是再过一段时间，我就觉得自己这里不好，那里不好，老是自我怀疑、自我攻击。"

朵妈的情况，身边很多妈妈都会有类似的感受。解决问题的关键在于你需要思考你究竟对什么自信，对什么谦虚。心理学上的"邓宁－克鲁格效应"认为，有一种现象是真正的高手常常会低估自己的能力，觉得自己配不上岗位，是冒充的，特别不自

信。这是属于元认知出了问题,不能正确地认识自己和评估自己的水平。

专业知识多、经验少的人常常会有这种感受,其实具备的知识已经足够胜任工作了,只要一步一步地实践就好了,但是因为缺乏经验,总是有各种担忧,即使取得了一些成就,也还是会低估自己,觉得自己不够优秀。

沃顿商学院教授亚当·格兰特在《重新思考》里面说:"我们要学会重新思考,不是改变想法,而是改变对一个事物的认知。"如果你经常觉得自己想的都不对,老是怀疑自己,总是觉得别人优秀,这肯定不行,你的自我价值又在哪里呢?我们需要思考清楚的是要对什么自信,对什么谦虚。格兰特把信心分成两个维度:对自己的信心和对自己做这件事使用的工具的信心。这两个维度把我们分成了四种类型,我们来看看下面这张图。

信心的两个维度

什么是对自己的信心？也就是你相信自己的能力，对自己有安全感。这通过什么来建立呢？可以通过我们完成一件件的事情来积累信心，也可以通过我们完成一些挑战性的工作，在高光时刻中感受。比如你要完成工作上的指标又想陪好孩子：

你如果不相信自己，就认定了自己做不好，也没有管理时间精力的方法，就是"强烈自卑"；

你如果不相信自己，也不认同自己正在用的管理时间精力的方法，就是"刻意怀疑"；

你如果相信自己，觉得自己用的方法也很棒，就是"盲目自大"；

你如果相信自己，但是怀疑用的方法不一定对自己最好，也想要探索更好的方法，那么你就是"既自信，又谦虚"。

理想的情况是我们相信自己，也保持谦虚的态度，不断探索更好的方法，这样我们才能在生活中胆大心细，不断小步迭代来实践更好的目标。要有种"我只是暂时不行，但是没关系，我有时间和耐心，我一定能学会，我读书多，你们可别骗我"这样的精神才好。

能够又自信又谦虚的人，有一个最大的特点，就是敢于承认自己的错误。我很喜欢瑞·达利欧在《原则》里说："如果你不觉得一年前的自己有多么的愚蠢，那就只能说明这一年来你没学到什么东西。"我们要相信自己，也要保持觉察自己。在情绪低谷的时候能鼓励自己、察觉自己，就是在践行又自信又谦虚的精神。

第 2 章 放下自我攻击，做相信自己的妈妈

心法一：把"过去的你"和"现在的你"分离

在践行的时候，你会发现，敢于承认自己的错误听上去正确无比，但是就是很难践行，因为自恋是人类所有心理和行为背后的基本动力之一，我们常做的是忙于证明自己选择正确，而不是忙于证明自己选择错误。

越自恋的人，越难以承认自己的错误。一旦别人说我们错了，你大脑中的杏仁核会被激发，会进入战斗状态，做出要么战斗、要么逃避的反应。那我们怎么办呢？

我们要深刻理解"分离"的概念。学会把"过去的你"和"现在的你"分离。

是啊，过去的我们错了，没关系，现在我们成长了，知道问题该怎么处理了。在团体课上，格格妈妈分享了一件自己内疚不已的事情。

格格妈妈晚上带着 5 岁女儿开始英语打卡，一直践行了 100 多天，可是那天女儿收到了一个爱莎公主装扮盒的礼物，一直在忙着给爱莎公主装扮，格格妈妈问女儿："你什么时候打卡？"

女儿说："我玩好了就打卡。"格格妈妈耐着性子对女儿说："你什么时候能玩好？这样吧，现在 8 点半了，长针指到 6，等长针指到 12 的时候，你就打卡，可以吗？"女儿忙着玩得头也不抬，说："可以。"到了 9 点，格格妈妈说："好了，现在我们要打卡了。"

女儿说："我还要玩一会儿。"格格妈妈说："我们刚才说好

了到9点，你怎么不守规矩？"女儿说："我就想玩一会儿，求求你妈妈，我再玩一会儿可以吗？"格格妈妈坚持说："不行，说到9点就9点。"女儿妥协了，但是打卡的时候心不在焉，格格妈妈想想还是忍了，小孩子嘛。"时间很晚了，我们洗洗睡觉。"牵着女儿来到了洗漱间，眼睛一瞥看到女儿嘴巴里正在吮吸什么东西，拔出来一看是玩具戒指，便再也忍不住了，用力一甩，把玩具戒指甩到了垃圾桶里。女儿从一脸茫然一下子变成惊恐，抱着妈妈的腿大哭："妈妈，求求你了，求求你了。"格格妈妈怒火攻心，哪里听得进去："叫你早点打卡，你不打卡，一直就在玩玩具，打卡的时候读得什么玩意儿！现在洗澡，还在玩，还放到嘴巴里，要是吞下去怎么办？"

女儿哭得说不上来话，只是抱着妈妈哭。可是格格越哭，格格妈妈越心烦。"烦死了！"恶狠狠地快速给女儿洗好，塞给卧室里玩手机的格格爸爸，说："我好烦，你来带她睡觉。"于是关上门，自己到书房里去了。

到了11点，格格妈妈推开卧室门，格格已经睡着了。她问："后来怎么样？"格格爸爸说："她哭得好伤心，说妈妈把她的戒指扔到了垃圾桶，少一个玩具那个爱莎就拼不起来，就不好看了，还说她怕，哭着哭着就睡着了。"

格格妈妈心里很不是滋味，觉得自己这样对孩子太过分了，可是当时却控制不住自己的情绪。我问她："现在你知道当时做得不好，是吗？"格格妈妈说："是的，当时肯定给孩子带来一些创伤，我太凶了！"

我说:"是的,当时你很难控制情绪。现在,事情已经过去了,你也知道自己做得不好,你现在有什么方法,让这件事朝着更好的方向发展吗?"格格妈妈说:"我心里觉得愧疚,还没想到什么方法。"

我说:"现在的你,想对孩子说些什么呢?"格格妈妈说:"我会跟孩子承认我太凶了,我当时太生气了,所以才会那样。我向她道歉。"我说:"是的,过去的你对孩子太凶了,现在的你成长了,愿意去面对过去的不好,这就已经足够好了。现在感受怎么样?"格格妈妈说:"好多了,想想谁还不犯错呀,一边犯错,一边成长。"

的确如此,我们都不是神,知道的育儿道理再多,也难免控制不住自己的情绪,会暴躁如雷,会发火。但是没关系呀,我们愿意和孩子承认自己的错误,让他看到妈妈愿意承认错误,对孩子来说,何尝不是一种力量。

过去的你并不代表现在的你,这是不断自我教育后的转变。分离,是让你以现在视角,甚至未来视角来看待自我,能够理解和接纳过去的自己不完美、有过错误,愿意重塑新的自我,和过去的自我分离。这是分离赋予我们的意义。

● 心法二:把"你的观点"和"你本人"分离

在生活中,我们会努力证明自己带孩子的观点正确,会在与别人观点不一致而产生矛盾的时候郁闷、生气，觉得自己被排挤。可是你的观点不代表你本人，因为你不是由你的观点定义的。在孩子学龄前你觉得自由很重要，到了孩子学龄后你觉得规则更重要，你也会发现经过一段时间，观点不断变化，你不会被某个观点限制住。

而往往让我们情绪暴躁的，就是当下我们固执地相信的那个观点。有一次，我们几个家庭一起去郊游，在路上，孩子欢闹着和同行的孩子一起跑，跑得越来越远，李晨曦妈妈大声喊："李晨曦，你快回来，听到没有，妈妈让你回来！"

可是孩子玩得正开心呢，哪里听得进去？孩子继续跑，她继续喊："回来，听到了吗？快回来，你再不回来妈妈就生气了。"孩子还是没回来。于是，李晨曦妈妈一路跑到孩子身边，吼："你怎么回事？妈妈喊你几遍你没听到吗？为什么不回来？下次你再这样，我不会带你出来跟朋友们玩了！"

孩子委屈地看着妈妈，瘪了瘪嘴，因为当场也有其他家长在，孩子不好意思，当作什么都没发生一样绕着妈妈转了几圈。晨曦妈妈感觉喊了几遍，孩子都不听话，所以很生气。事后跟我说："哎，自己全职在家带孩子，孩子还不听话、带不好，感觉自己挺失败的，好像什么都做不好。"

我说："孩子有听你话的时候吗？"她说："有啊。"我说："那你觉得孩子不听话吗？还只是你喊她，她没回来，你觉得她那时没听你的话？"她说："是的，是当时没听我的话。"

我说："那你允许她有自己的想法吗？"她说："我允许啊，

第 2 章　放下自我攻击，做相信自己的妈妈

但也要看情况。"我说："就是说你有时会允许她有想法，有时你不允许她有想法。你的孩子也会有时听你的话，有时候不听你的话。这代表你做什么都做不好吗？"

她说："是的，老师你说得对，我就是容易自我攻击。"她把孩子不听话和自己做不好这件事混在一起，自己觉得难受和自卑。可是她的观点并不代表她本人，我们要做的是不断把观点和自己本身分离出来。我们的自我认同，最好是价值观的认同，比如你可以说自己是一个终身成长的妈妈、一个追求卓越的妈妈、一个想成为孩子榜样的妈妈，因为价值观是很难轻易变化的。

但是你不能给自己贴上负面的标签：我是一个什么都做不好的妈妈，我是一个孩子不听我话的妈妈，我是一个情绪焦虑的妈妈，等等。为什么不能给自己贴负面标签呢？因为一个人是可以改变的。亚马逊创始人杰夫·贝佐斯曾说过："如果你不经常改变自己的想法，你会犯更多的错误。"也就是说，如果你一直执着于一种观点，那么这种观点会限制你，这就是限制性观点。而限制性观点越多，你看待世界和看待自己的角度和视野就越窄。

举个例子，很多妈妈在生活中和婆婆关系不好，平时不怎么说话，有的甚至发展到水火不容的地步，可是有没有想过：当你竖起观点，竖起对别人的屏障的时候，也隔离了别人对你的贡献？所以，从现在开始，你需要将自己与这些限制性的观点分离，慢慢清理观点。电脑都要经常做清理，更何况我们脑海中对观点的积累。清理、分离，然后释放，清出一个空间，我们才好让生命的能量流进来。

你需要先分离那些自己"不再需要"的观点:"没有人爱我""他不喜欢我""孩子不听话""我做什么都做不好"。分离的过程,是可以做充满感恩的告别,试着对自己的观点说:"谢谢!你曾为我带来一种功课、一种练习,也曾带给我许多快乐和满足。尽管我现在不需要你了,我还是要谢谢你!"

你会突然发现,你的痛苦不见了,整个人轻盈起来,甚至充满活力、平静和欢喜。分离,有大智慧。你越是善于分离,越是感到喜悦。从一心追求得到,转到不断与自己的观点分离的过程,其实是我们内心回归丰盛的过程。

所以,我们需要做的是重新思考自己对什么自信,对什么谦虚。不断把"过去的你"和"现在的你"分离,把"你的观点"和"你本人"分离,你会发现自我安全感、价值感会越来越强,也因为你相信自己最有力量、最有耐心、最有时间,所以就能活在轻松喜悦的富足中。

丰盛花园:给负面标签换个框

分离,你才有空间和精力去打造属于自己的精神世界。

具体怎样做呢?你可以拿出你的笔记本和笔,写一写自己身上的负面标签,找一找其中的正面意义。无论你是用电脑还是笔记本,你会发现坚持记录有助于你更快地成长。比如说"胆小",其中有一项正面意义就是谨慎前行。每个人看待意义的角度都有可能随着时间的变化而改变，所以一件事情可以有这个意义，也可以有更多的意义；可以有不好的意义，也可以有好的意义。

重要的是我们是否能从负面标签或负面信念中找到最能够帮助我们的诠释。比如因为事情太多，所以我烦躁。如何换框呢？把结果"烦躁"改成反义词，写出6个不同的版本，再把句首的"因为"放在最后，成为"事情太多，所以我……，因为……"的句式。

我们来试试看：

事情太多，所以我觉得平静，因为我知道每做一件事都会让我历练成长。

事情太多，所以我感到幸福，因为知道被很多人需要。

事情太多，所以我会有力量，因为会感受不断提升的魅力。

事情太多，所以我会逐渐丰盛，因为能够帮助更多人。

事情太多，所以我变得淡定，因为我知道路要一步步地走。

事情太多，所以我要释放情绪，因为我知道慢慢地我会平静下来。

选一句你最想接受的，然后把整句反复练习几遍。接着，你再读读原来的句子"因为事情太多，所以我烦躁"，你内心感受如何？哪句更能接受呢？这6句每一句里面的价值、信念都积极正面，当信念改变，相关的价值也改变，这个新的信念就能够建立起来。

所以，在下次烦躁的时候，问一问自己："事情太多，如何让自己成为一个更能承载的人呢？"在丰盛花园里，通过自我对话，你一定会遇到那个惊喜的自己。

第3章

摆脱别人的期待，活出自己的幸福

> 去倾听那个你能够做什么的声音，没有什么比这更能定义你的角色了。
>
> ——史蒂文·斯皮尔伯格

第 3 章　摆脱别人的期待，活出自己的幸福

● 强人应该懂的生活哲学，是先要自由

有一次，在读到万维钢老师解读的《被讨厌的勇气》中，看到万维钢老师这样说："进步、幸福、自由，人人都想要。弱者的路线，是先实现进步，才能换来幸福，对自由没有特别的要求——也许自由只是幸福感之一，是进步的结果。阿德勒学说则是一条强人的路线。这条路线要求先要有自由。自由前提下的幸福才是真正的幸福。当你知道什么是幸福的时候，你就知道人应该怎么处理进步的问题。"看完之后，很是触动。为母则刚，我们成为妈妈之后，被激发出各种力量，性格越来越成熟，技能点数也越来越高。在一路养娃的路上，我们也在不断追求进步、幸福和自由，想要成为强者。

那这条强者之路，先要求的自由到底是什么呢？说到自由，不如我们先感受一下什么是不自由，那些使我们不自由的束缚是什么呢？阿德勒试图带领我们摆脱三个束缚：

第一个束缚是来自过去。从弗洛伊德开始，很多心理学家相信人是过去的产物，这些经历都储存在我们潜意识里，决定我们的人生。所以很多人把过去的不幸和缺陷当作武器，拒绝改变。

在《你当像鸟飞往你的山》这本自传体女性书籍中，主人公塔拉出生在一个无知、病态的原生家庭：爸爸有躁郁症，不让孩

子们读书；妈妈软弱不敢吭声；哥哥肖恩对塔拉常家暴。在这样的家庭里，塔拉生活了17年，直到她逃离大山。从未上学的她通过教育打开了一个全新的世界，成为剑桥大学博士。

她和她的姐姐出生在同样的家庭，为什么她敢于逃离，而她的姐姐没有改变？其实，不管原生家庭给你带来多么可怕的负面影响，你都能通过教育彻底改变自己，塑造全新的自我。阿德勒就认为你的生活方式，完全是你自己选择的结果，与其他人、以前发生过什么，都无关。

第二个束缚是来自人际关系。我们都在追求幸福，阿德勒认为幸福和不幸福的关键点，都在于人际关系。良好的人际关系会让你感到幸福，而一切烦恼的根源也是人际关系，因为大多数人都活在别人的认可当中。

问题是难道不被认可就不幸福了吗？如果一直在意别人的认可，就会让自己活在别人控制的世界里，很卑微。很多女性为了维系婚姻，希望获得老公、婆婆的认可，活得很辛苦。在阿德勒的眼中，关系对于每个人来说都是独立的课题，我怎么爱你，是我的课题；而你接不接受我的爱，这是你的课题，所以"我爱你，与你无关"。

第三个束缚是来自未来。我们总是在追求一个又一个的目标。养育孩子，在孩子小的时候，希望他吃得好，长得快，再大一点，希望他学习好，主动积极，最好能够是班级前三，少让我们操心；工作上，要完成每个月的KPI（关键绩效指标），积累储蓄要买学区房。这一路奔波赶路，都忘了停下来仔细体会自己的感受。毕竟，我们不活在过去，也不活在未来，而是活在每一个当下中。正如《禅与摩托车维修艺术》一书中说的那样，当你急着奔向未来的时候，说明你已经不喜欢现在了。

阿德勒认为我们要过好每一个当下，去投入，去沉浸，认真的人生应该要"活在当下"，这才是生活的真谛。我们可以总结出来，阿德勒认为，真正的自由就是不再寻求他人的认可，可以接受被别人讨厌，当然也不是说要故意让人讨厌。在这种自由下的幸福，才是发自内心的幸福。这是强者带有觉知的生活方式，也是提醒我们在每个当下觉知自己是否有在求认可、求掌控、求安全感，如果有，那么要做的是释放掉这种感受，不断回归内心的平静。

● 真正的幸福不是来自财富，而是来自贡献感

有人会觉得，不怕被人讨厌，我只管好我自己，我行我素，这样不就是以自我为中心了吗？其实不然，拼命追求认可，才是以自我为中心。求认可的实质是看他人如何关注自己，如何评价自己，满足自己的欲求，看似在乎别人，实际上眼里只有自己，失去了对他人的关心而只关心"我"，还是在以自我为中心。

那我们又如何在人际关系中获得幸福呢？向前一步吧，主动面对人际关系的课题，不是考虑"这个人会给我什么"，而是要思考"我能给他什么"。这里说的贡献感不是贡献，贡献感是由

自己决定的。贡献感不是做了多少事，赚了多少钱，行为起到了什么作用，而是你认为你做出了贡献，你就做出了贡献，当下就很幸福，就是这么简单纯粹。比如，比尔·盖茨就很喜欢定期在博客上推荐书单和撰写书评，分享读书心得写书评就是他对社会的贡献感。

我们该如何找到自己的贡献感呢？丹宁最近跟我聊，说她终于从她父母家里搬出来了，虽然前期父母帮着照看孩子，但是丹宁一回家，她妈妈就抱怨孩子有多闹腾，自己多辛苦。"以前带你就已经很辛苦了，现在还要带孙子，你要把你妈累死！天天回来这么晚，孩子写作业的时候，你这个做妈的要多上上心。"

丹宁说每天工作已经很烦了，回家就想安静，可是她妈妈好像永远没有办法让她高兴起来，"我一回家看我妈的脸色，就觉得活着好难。作为在一个'妈妈生气，全家遭殃'家庭环境中长大的我，早早就学会看妈妈的脸色，我知道妈妈很辛苦，每天上完班还要做饭，但是妈妈经常不开心，让我从初中起就很想逃离。比如我不喊长辈她不开心，洗碗不小心打碎了碗她不开心，考试考不好她不开心，我看小说她不开心，好像我就很难有让妈妈开心的时候。"

台湾心理学博士洪兰女士说，从人类演化角度来看，妈妈是家庭的灵魂，妈妈快乐全家快乐，妈妈焦虑全家焦虑。对于妈妈这个角色，如何体会贡献感呢？我觉得最大的贡献感是把自己照顾好，让自己开心才是。哪怕家务不完美、自己不完美、孩子不完美，自己心情愉快是需要首先考虑的。你自然平静放松，就是对孩子最好的教育，对家庭最大的贡献。

因为作为妻子和妈妈，你的快乐是可以拯救全家人的心情，这才是没有任何人可以替代的。在心情不好的时候，你就可以说："我今天心情不好，你们自己想办法解决晚饭，我出去散散心。"这样的妈妈，不会让家人讨厌，反而家人会给予更多的关心和体贴。所以，你要觉得自己有贡献，你就有贡献，你开不开心，是最需要被你看见的。你会是家人情绪的引路者、精神的支持者。你的快乐是对家庭最大的贡献。

不要站在自己的烦恼里，纠结怎么做才有贡献，而是感受自己，自我接纳，让自己平和喜悦。贡献感就在心里，只是你一直没发觉。做一个幸福的人，从感受自己的贡献感开始。

关于改变，你一直都有选择

很多妈妈会说，这些道理知道是知道，但就是没有办法改变。要知道，你为自己不改变找的所有借口，都是你的选择。甚至连你告诉自己"我没有办法"，这也是你的选择。而关于改变，你一直有选择。

我们先来分享个故事：阿德勒的咨询室里放着一根三面柱。柱子的一面刻着"我很可怜"，另一面刻着"别人很可恶"，最后一面刻着"怎么办？"。每次有来访者到他的咨询室里，他都会拿出他的三面柱，问来访者："你选择谈什么呢？"现在，如果你面前也有一根三面柱，我问你同样的问题，你会怎么选择呢？

你看，一个问题至少有三个选择。我身边有一位全职妈妈心蕊，有两个孩子，带着孩子上各种培训班，无奈孩子就是不爱学习，她自己也很痛苦，她老公也经常说她。她说，有一天她跟老公要下个月的生活费。老公说："怎么那么快就用完了，你以后列个清单给我。"她说那一瞬间，自己的自我价值感、自信、自尊全部瓦解。她想："我明明有能力挣钱，为什么要这样低声下气地问人要钱？"可是那时她只是感受到痛苦，还是没有改变。

后来儿子看到爸爸给妈妈钱，就问妈妈："妈妈，你做什么工作？"她说："妈妈的工作就是在家陪你啊。"她儿子说："那不是保姆吗？"她沉默了好久，缓缓地说"不是"。从那以后，她开始边大量学习，边做微商，还在家里做阅读打卡、演讲打卡，以前督促孩子学习的她，现在是陪着孩子一起学习。

很神奇的是，就这样过了快一年的时间，她不仅经济独立了，儿子学习成绩也从班级倒数第五考到班级第一，她还和我们分享她老公也越来越爱她，还经常在回家时给她买甜品。当她变得优秀的时候，孩子学习好只是顺带的。教育，是生命影响生命的旅程，当我们抱怨老公不疼自己、孩子不争气的时候，想想自己可以怎样选择。所以，当你觉得痛苦时，请保持觉知，告诉自己："无论何时，我都拥有选择的权利。"

第 3 章　摆脱别人的期待，活出自己的幸福

丰盛花园：鼓励自己

改变需要勇气，而拥有勇气，一个人可以做任何事情。有时候，我们会感到不确定、害怕或担心事情不会按我们预想的方式发展，或者你不会被别人喜爱。我们失去了自己的勇气，因为我们开始相信自己不够好。

《懂我就是爱我》中说道："我们没有认识到，只是我们本来的样子，我们就真的足够好了。我们不知道，我们不需要为了得到爱，而做任何特别的事情。"我们要做的就是：鼓励自己！

怎么做呢？我们来进行一个自我觉察的活动。

按照下文的要求在下图填入你的家庭馅饼。

家庭馅饼

活动：

① 把你小时候家里所有孩子的名字都填写进去，每个人占一块。写上你的年龄与每个孩子年龄的差距（用加号或减号），以及那些你认为是你的家人的名字也写上，并在你自己的名字旁边标一颗星。

② 用两个或三个词来描述你小时候家里的每一个孩子，包括你自己。

③ 写觉察日记。内容是关于你是如何认定每个人的特别之处的，你对自己的认定是什么，现在你是否还是这么认为，这个认定如何影响了你的生活。

第一步，**觉察**：你此刻是怎样看待自己的。可以用"我是这样一个人"开头。

我是这样一个人，想法是＿＿＿＿＿＿＿＿＿＿＿＿＿＿＿

感受是＿＿＿＿＿＿＿＿＿＿＿＿＿＿＿＿＿＿＿＿＿＿

行为是＿＿＿＿＿＿＿＿＿＿＿＿＿＿＿＿＿＿＿＿＿＿

第二步，**接纳**：你此刻能怎样摆脱评判并接受自己。这句总结性的话以"我可以告诉自己"开头。

我可以告诉自己＿＿＿＿＿＿＿＿＿＿＿＿＿＿＿＿＿

第三步，**行动**：在现实中带着勇气去做功课。

现在，迈出我的一小步＿＿＿＿＿＿＿＿＿＿＿＿＿＿

第 3 章　摆脱别人的期待，活出自己的幸福

我们来举个例子：

第一步，**觉察**：你此刻是怎样看待自己的。可以用"我是这样一个人"开头。

我是这样一个人，想法是<u>我想爸爸妈妈对我不要有那么高的要求。</u>

感受是<u>压抑、烦躁。</u>

行为是<u>不想理爸爸妈妈。</u>

第二步，**接纳**：接纳你此刻能怎样摆脱评判并接受自己。这句总结性的话以"我可以告诉自己"开头。

我可以告诉自己<u>他们是爱我的，只是不知道怎样来爱我。</u>

第三步，**行动**：在现实中带着勇气去做功课。

现在，迈出我的一小步<u>放过自己，不要再怨恨爸爸妈妈。</u>

像这样不断地自我觉察，我们就越来越了解并接受自己是谁，就越有勇气活出属于自己的幸福。

第4章

自我的咆哮，是因为孩子还是因为自己？

> 没有不可治愈的伤痛，没有不能结束的沉沦，所有失去的，会以另一种方式归来。
> ——约翰·肖尔斯《许愿树》

第 4 章 自我的咆哮,是因为孩子还是因为自己?

● "你再不收拾玩具,我就把你的玩具扔到垃圾箱"

"我讨厌你,你这个坏妈妈!"儿子 Mike 大声地朝我叫。"可是我们已经约定好了玩到长针指到 12,你就睡觉,你也答应了,现在为什么还不收拾?"儿子不理我,继续玩手上的玩具。"快收拾,要睡觉了,讲了好几遍,我没有耐心了,你快去。""你这个坏妈妈,我不要!"

我站在原地,胸口有一股情绪的洪流即将喷涌而出。一方面,我在想我培养了一个敢于说不的孩子;而另一方面,我因为他不遵守约定和大声吼而生气。"共同的约定就必须遵守",我脑海中出现这样一个声音。你也许会猜到在这场战争中,哪一方会取得胜利。不过在得出此结论前,我已经决定要释放心中的洪水猛兽:"你要不收拾,我就来收拾,我收拾的结果就会把你的玩具全部扔进垃圾桶。"

果然,他被我吓哭了,好伤心,边哭边喊:"我讨厌你,你这个坏妈妈!""我就是坏妈妈!"我把他的一个小玩具扔进了垃圾桶,我知道我不可能永远满足他的要求,我也知道我不是神,我不想一直当好妈妈。

他哭得更厉害了,一把抱住我的腿赖在地上,"妈妈,求你了,不要把我的玩具扔进垃圾桶。"他一抱住我,瞬间就好像触发了我的创伤。我知道，他渴望我能在这时爱他、关注他、满足他。这多像小时候那个渴望得到爱，却一直被打压的我，我知道那种渴望的感受是有多煎熬。

一想到这些就感觉很心疼，我蹲下来，把他抱在怀里，轻轻地拍着他的背，跟他道歉："对不起，妈妈脾气太大了，我有的时候控制不住自己。当我控制不住的时候，你提醒我'妈妈你的大脑盖子开了'，我就知道了。"因为我之前教过他用这个方法提示我，他点点头，可能因为刚才哭得太猛，一下子没回过神来，在我怀里像只被吓呆的小鸡，低声啜泣着。"对不起宝贝，我太凶了，你能原谅我吗？"儿子秒回答："能原谅。妈妈我也做得不好，我不该不收拾玩具。"

我的心一下子柔软了几分，同时也能清晰地感受到自己内心的矛盾，一面是我的真实感受，一面是我非理性的一面，这非理性的一面我称之为"自我"。当我觉察到"我不想当好妈妈，我只想发脾气"时，我知道这个声音来自"自我"，并非来自真正的自己。等我再平静下来的时候，自己终于可以接受每次发脾气其实是由于我的"自我"引起的，这个爱控制、敏感、爱生气的声音，我问自己："它是我的吗？"

不，它不是我的，它只是一种习惯性的生活应激反应。每次只要能觉知"自我"，我就有可能驯服它，而每当我能够驯服它的时候，内心涌上来的平静和喜悦，让我感受到了来自真我的力量。《家庭的觉醒》中说道："当我们学习更好地驯服我们的'自我'，阻止它以常用的自相矛盾和负能量的话语去激发各种非理性情绪时,我们便能更好地从真我出发,与他人建立良好的关系。真我才是我们的本质,是我们真实的人格。"

当我们脑海中那个爱控制、拼命想要获得爱和存在感的声音,那个自我怀疑、自我否定的声音出现时,可以去感受内心的感觉是轻盈的还是沉重的,不断提问自己,就是在和自己的内在做链接,找到真我的想法。

当鲨鱼音乐响起,你该如何面对

"自我"的声音总是喋喋不休,在脑海中挥之不去,让我们误以为这个就是真我。觉醒的家庭教育的关键就是觉察到"自我"的存在,把它与真我分离开,用真我与孩子建立关系,就不会轻易受"自我"的控制。

我们对"自我"的声音反应强烈,是因为我们害怕。你可以回想一下,大部分让你情绪暴躁的时刻,都起源于恐惧。比如,我们希望孩子学习好,因为我们害怕孩子如果学习不好,会被社会淘汰、被别人看不起,一生充满哀怨。

而对孩子的担心最容易让我们焦虑和愤怒,因为这触发了我们童年的经历。童年的经历让我们建立的行为模式,如果我们不觉知它的存在,那我们会周而复始地重复这些模式。当我们焦虑和无助时,就容易把这些情绪发泄到孩子身上。我们想改变,可是从哪开始呢?

这让我想起在丹尼尔·西格尔教授的一场知名演讲中，他曾经给观众们播放一个30秒的视频，并要求他们在观看时监测自己的身心反应。视频一开始，屏幕上出现了一片美好的森林，一个人手持摄像机往前走，屏幕中显示出来的是一条田园小径，通向一片美丽祥和的大海。而背景音乐更是平静的古典钢琴曲，给人的感觉安宁而和谐。

然后视频暂停，更换背景音乐。仍然是同样的画面，但由于音乐充满了暗黑的色彩，因此给人的感觉变成了担忧和恐惧。谁也不知道在这样宁静的情景下，会不会有什么东西蹦出来。可见，哪怕是同样一个场景，在不同音乐的衬托下，给人的心境也是不一样的。所以当你的鲨鱼音乐响起时，你会如何面对？大部分人会选择逃跑，我曾经也是如此。

别逃跑，转身面对黑影

以前我经常会做一个梦，梦见有鬼在不停地追我，我怕得要死，到处躲，也拼命地跑，跑到树林里，跑到船上，跑到山洞里，可是他总能追上我，我跑着跑着就吓醒了，一身冷汗。

此刻，我想到《地海巫师》的故事，这是一个隐喻。故事描述了巫师格得如何学习巫术成为大法师的过程。年轻气盛的格得是个表现优秀、领悟力高的巫师，所以非常骄傲自大。他的同伴很看不惯他，经常挑战他，而他也喜欢接受挑战，得意地展现自己的魔法实力，想打败所有人。

第 4 章　自我的咆哮，是因为孩子还是因为自己？

据说，在所有法术中最难的是把黑影、黑暗的力量召唤出来，然后再把它们收回去。一般巫师都不会，但是格得会，因为他非常聪颖、领悟力过人。有一次，在同学的挑衅下，他又把黑影、黑暗的力量召唤出来，但这一次，他却收不回去了，毕竟，他还年轻。这下好了，黑影就每天跟着他，不断地伤害他、迫害他，而且会幻化成他的影像，到处做出伤天害理的事，所以他也一天到晚被人追杀。

格得痛苦不已，一路逃亡。在逃亡时，他想起巫师世界里的传说：制服黑暗力量的办法只有一个，就是喊出它的名字，黑影就会被收服。于是格得做了很多尝试去找黑影的名字，都没找到。黑影依旧追杀格得，这次，格得逃到天涯海角，他不想再逃了，于是他转身，开始面对黑影。就在他面对的时候，内心突然涌出一股巨大的悲伤，他对着黑影大声喊自己的名字。瞬间，黑影消失了。原来黑影就是自己，自己就是黑影，转身面对黑影，才能救赎自己。从这样的隐喻故事里，我们发现真正强大的做法是，当鲨鱼音乐响起时，别逃，转身面对，你会发现它只是音乐而已，甚至只是你的想象，什么都没有发生。

《心灵秘径》曾这样写道："以自己的名字，叫出黑影的名字，借此使自己完整，成为一个人。一个了解整体真正自我的人，除了自己以外，他不可能被任何力量利用或占有。"杀不死你的必使你强大，转身去面对那个追杀你的黑影吧，说出它的名字，也说出让你有黑影的故事，面对作为黑影的自己，本身就是一种接纳。

接纳，即疗愈。台湾故事疗愈作家周志健在《拥抱不完美》中体会到：生命的本质，就是孤单。他说："我的孤单不管是出自先天或是后天，我都得转身回头，去认了它。然后，奇怪的是，当我说着故事，认回我孤单的那一刻，孤单也在瞬间消失了，如同追杀格得的黑影消失一般。说故事的那一刻，让我与我自己及我的孤单同在。同时在这一刻，我的心是盈满温暖的，不再空洞、孤独。"

人生就是一个人的旅程，有的人在我们的生命里来了，又走了，最终陪伴一生的那个人就是自己。别害怕，也别慌张，慢慢地，陪着自己走。作家安德鲁·所罗门说："如果你驱逐了恶龙，同时也驱逐了英雄。"深渊里有恶龙，也有英雄。我们每一个人活着，喜悦与恐惧，落魄与荣华，在生命里一个也不会缺席。

转身，面对黑影，面对恶龙，面对低谷，张开双臂，高声歌唱，统统接纳。世界吻我以痛，而我报之以歌。

● 丰盛花园：为自己调频

在情绪低谷的时候，我们就来到自己的丰盛花园吧，找一个舒服的地方，放松地坐着，感受自己，为自己调频吧。这段调频来自《萨提亚冥想：大师带你聆听自己》：

合上你的双眼，开始觉察你的呼吸。
透过一呼一吸，你进入自己的内在，去留意你的内在发生了什么。
你是否可以为自己调频呢？
看你是不是可以自己调节到和谐的状态。

第 4 章 自我的咆哮,是因为孩子还是因为自己?

有的时候,当你尝试要穿越一片黑色的森林,
你却把自己融入了这片森林。
这片黑色的森林,可能是悲伤、孤独、害怕。

其实,你需要的,只是经过它,穿越这份体验,穿越这个压力。
你不是那片森林,你只是要经过它。
你不是悲伤、孤独、害怕,你只是在体验并且穿越他们。
你不断地调频,然后,你就能去到内在那个和谐一致的地方。

如果你无法体验那份和谐,或者说有什么挡住了路,请你留意:是什么阻碍了你呢?
发现这些,你就可以移除那些阻碍你的东西,去修复,让自己更加和谐。

可惜的是,大多数的人,现在都找不到那个地方。
试试看你能否调节自己,在内在找到这样的地方。在那里,你觉得宁静,你觉得和谐,你觉得幸福!
那是你的家,你需要做的就是去接纳、欣赏和感谢。
此刻,我邀请你:回家吧!

正如《不完美的礼物》一书的作者布芮尼·布朗所言:"揭露自己的故事,并且在过程中爱自己,会是我们所行之事中,最勇敢的一件事。"敢于接纳作为黑影的自己,说出自己的故事,就是一种自我疗愈。我们不用完美,但我们需要完整。

第5章

孩子如何帮助我们觉醒？

> 孩子给我们带来的启发，最令人惊讶之处在于，它不是以顿悟的形式出现的，而是隐藏在日常生活中最平凡的时刻和最朴素的事件中。
>
> ——《家庭的觉醒》

第 5 章 孩子如何帮助我们觉醒?

● 用心,感受来自那些挑战时刻的呼唤

意大利心理学家皮耶罗·费鲁奇说道:"当生活遭遇不可避免的挑战时,我们需要汲取连自己都不知道的内在资源和知识。只有这样,在那些困难时刻,我们才会显得更加有力和自由。"

我们知道,孩子是父母的镜子,比如,出门你忘记拿手机又回家拿时,孩子在你身边说"小笨蛋",而这句话是爸爸经常跟他说的;孩子生气的时候,喜欢两个手叉着腰,对你吼,他的那副样子跟你生气的时候一模一样。

在养育 Mike 刚开始的那几年,有的时候我的情绪控制不住,尤其是在无论怎么沟通,孩子就是不收拾玩具,磨磨蹭蹭的时候,我就感觉心里的那团怒火直往上蹿。当我告诉他"我马上就要生气了"的时候,他还没有动,我的火一下子就升到最高点,"轰"的一下爆发,歇斯底里。

事后想到这种情绪发泄的方式,我非常不喜欢。这种情绪是从哪里来的呢?事实上,只要静下来一想,我就能感受到我发火的样子像极了妈妈。我的成长过程塑造了我,我们这一代的大多数女性也都是这样被塑造的,我们更习惯在烦躁时用吼的方式来解决问题。

我很清楚什么是对,什么是错,可究竟是什么障碍了我,障

碍物的根源是什么？只有走回过去，看清楚我是如何被塑造的，我才能找到问题的根源。当然，我并不是把问题直接抛给父母，甩锅给他们，而是朝着过去的深处走，在那里我看到了那个不被关注的自己。我的内心深处其实是希望获得别人的认可，这也是我和他人交往当中的核心动机。他们觉得我好吗？觉得我优秀吗？我也慢慢了解到"希望被认可这件事"是如何干扰我，让我不能成为一个情绪稳定的妈妈。

每次用各种方式跟 Mike 沟通，当他依然触碰我底线的时候，我内心的这种被认可的情绪就会被触发，而他也会用混乱、烦躁、大哭大叫来面对我，不屈不挠地和我斗争。我不断学习，来践行心灵研修的原则和技巧，这些的确能够帮我快速恢复平静，我也越来越能关注到内心的变化过程，而不是只注意到孩子的行为。触发我的经常是内心的创伤，儿子的行为只是点燃它的火柴，点燃的熊熊大火照亮了我的心路历程，也照亮了我觉醒之路的开始。

每天他清晨醒来，对我笑的时候，眼睛弯成一条小鱼；每当他在我身边蹭来蹭去撒娇，对我喊妈妈的时候，我总感叹上天给我送来了一个这么美妙的小天使。对儿子的爱让我在与他互动中，经常提醒自己："我是在用合适的方式跟他交流，还是受到过去的经历影响？"我也坚信，我们对孩子的深爱是促使我们觉悟提升的最重要的力量。

有家长曾问我："是不是对孩子生气不好？"完全不是，我们又不是神，不可能一点情绪都没有。沉浸在情绪里的生气和有

第 5 章 孩子如何帮助我们觉醒？

觉知的生气，带给孩子的完全是两种感受。有时我们不得不去做一个不受欢迎的人，那样对孩子们更好，对我们也是一样，会增强我们内在的力量。孩子是很聪明的，总是用各种方法试探我们的底线。

你可以简单地、纯粹地说"不"，也可以告诉孩子"我现在很生气""我现在很难过""我现在很失望"，为你的感受铺一条通往内心的道路。这样可以认清这些情绪，而不是被情绪控制。

为人父母是很好的觉醒机会，因为会让我们重新发现孩子，也重现发现自己。我们已经习惯于按照"我们能教给孩子们什么"来思考，其实我们更需要思考的是：我们可以从孩子们那儿学到什么？

● 行为的觉醒，关注当下的力量

我们的孩子，是活在当下的大师，他们向我们展示的是如何沉浸在当下，虽然前一秒还气呼呼，下一秒就开始专注地去拼搭乐高积木了。我们以为是我们陪伴孩子、教育孩子，但是你可曾反过来思考：孩子陪着你、领着你，带你看见自己、疗愈自己，去重新观察这个世界。

《孩子是个哲学家》说到一件有趣的事情："我趴在地上，四处寻找着一个小塑料轮子。它是从我 5 岁的儿子埃米利奥的玩具车上掉下来的。他很不高兴，我呢又累又气。为了这个无足轻重的小玩意儿,我已经找遍了家里的所有地方,现在又得从头再来一遍。埃米利奥真的很想要它。矮沙发后面、家具下面、扶手椅的折叠处和垫子中间,我统统都翻过了。就像一个不情愿的奴隶,我费劲地在这些布满灰尘的陌生地方挪来挪去。埃米利奥焦急地跟在我后面,不停地给我出着主意。我一边找着,脑子里思绪万千。我这是在干吗?在找这个愚蠢的玩具轮子吗?我怎么沦落到了这样的地步?为什么我要迎合埃米利奥每一次心血来潮的念头?我还想到,自从我的第一个孩子出生后,我的生活发生了怎样的变化,我的时间又有多少耗费在这样平庸无聊的事上。"

这样的场景是如此熟悉,为儿子不小心滚到床底下的一个小球,我就得用晒衣架没有任何形象地趴在地板上去够那个滚来滚去的小球,再把小球洗干净,重新递给儿子。生活中这些琐碎占用了我大量的时间,周末带孩子出去户外玩,一天下来,有时都忘了喝水,精疲力竭。带孩子没有明确的目的,是把时间花在一个碎片的世界里。这样的日子似乎比以前更为深刻和丰富了。因为孩子把我拉回了当下,而思考过去和未来,要比活在当下容易得多。

逐渐地,我意识到,当下,我要把自己的时间更多地给予别人,给孩子、给亲人、给同事。以前我给爸爸打电话的时候会心不在焉,甚至会有点不耐烦地打断他。现在再打电话的时候,我会集中注意力跟爸爸的聊天,这让我注意到以前忽略的很多细节,他的呼吸、语气、心情、每一句话的起伏、说话的状态,然后我根据我观察到的回复他,挂完电话时我们俩都乐呵呵的,心情无比舒畅。

第 5 章 孩子如何帮助我们觉醒？

● 大师修炼之路，从向孩子学习开始

教育孩子的路上，我们都希望成为一位好家长，但成为好家长是需要练习的，这么多年我们习惯用单一视角来看问题，时间长了便形成了路径依赖。孩子拖延时，我们就开始不耐烦地吼起来，而不是耐心地感受孩子的节奏；跟孩子说了几遍，当他不愿意遵循时，我们的第一反应，往往是责怪批评，而不是心情平和地让他说出自己的想法。我们常常意气用事，很少自我觉察，时间长了就会形成大脑的路径依赖模式。

而这样的路径依赖让我们很难用更多的视角来看当下的问题。卫蓝在《反本能》这本书中这样描述路径依赖："当我们长期进行一种行为的时候，大脑会慢慢形成一个专门处理这种行为的绿色通道，所以当自己面临相似的场景时，大脑会对这种行为进行优先选择，并进一步形成自动化反应。"

所以当我们想要让自己有更多的觉察，就需要刻意练习，直至形成新的路径依赖。好在孩子是我们身边的大师。我们可以从孩子身上汲取智慧的力量，摆脱单一视角，让自己更包容，更开放。《孩子是个哲学家》提醒我们可以从孩子身上学到这些：

从孩子对世界的专注之中，学会活在当下，学会全身心地付出；

从孩子执着于自己的方式之中，学会不带期望地与他人相处，不侵占他人的空间；

从孩子的天真无邪和创造性之中，学会摆脱过去和经验的牢笼；

从与孩子的接触中，发现之前未曾意识到的自己的另一面；

从孩子的负面情绪中，观察到其中所折射的父母的潜在情绪；

从童言无忌之中，学会面对生活和自己的真实，拒绝谎言；

从孩子对待父母的态度中，发现自己对待伴侣的态度，从而避免爱情之河的干涸；

从孩子的正义感和对于死亡的最初思考中，体验到对于生命的感激之情；

从孩子不厌其烦的重复游戏和探索中，学会缓慢、耐心和等待；

从孩子的好奇心和天马行空般的问题中，学会创造性的思维；

从孩子的随遇而安之中，学会自发地生活；

从孩子的纯真之中，发现人际关系的美妙和日常生活的独特之处；

在面对孩子的要求时，明白坚持和意志的重要性；

从陪伴、保护孩子的过程中，体味爱的无私和回馈。

孩子是上天赐给我们的礼物，让我们觉察自己，心智慢慢成熟起来。在这么多的智慧中，我们经常发现有冲突的是对耐心的感受度。虽然我知道对孩子需要有耐心，当真正实践的时候，才会意识到：我需要极大的耐心。我的内在节奏很快，所以和孩子在一起的时候，总觉得自己是在等待中度过，等他穿好鞋，等他玩好玩具，等他玩好沙子。和孩子在一起时的等待对我来说是个持续的挑战，因为我不得不学会慢下来，以极其缓慢的方式做事。

从理论上来说，我们要尊重孩子的节奏，但在实践中，这不

第 5 章 孩子如何帮助我们觉醒？

是件容易的事。没人喜欢被催促，我也经常听到家长说"快点吃饭""你再不走，我们就走了"，这些对孩子来说，何尝不是一个小小的侵犯。我们知道要学会尊重孩子的节奏，但是为了尊重他们的节奏，有时我们就不得不放弃自己的节奏。可从知道到做到，中间隔着一个太平洋。因为我们每个人都有节奏，可能是混乱的，也可能是协调的，但都像指纹一样独特。当被迫放弃自己的节奏时，我们的反应都会有些怨气，这发生在我们与孩子的相处中，也发生在我们自己的成长中。

与孩子一起做美食就是个让我不断放慢节奏的好机会。清明节前，与好朋友月玲约着带孩子一起做青团。这些等待也包括大麦从发芽开始，长成一茬茬的麦苗后，我们才聚在一起做青团。剪麦苗、把麦苗榨汁、打发奶油、揉面团、混合搓搓、蒸青团……这一系列过程让我注意到刚榨好的麦芽汁，有一股雨后的青草香；打发器在奶油里搅拌，浓稠的奶油像是缓慢而优雅的芭蕾舞者，不停地旋转、旋转……

做好的青团一个个像是饱满的小脸蛋，等着我们亲一亲、咬一咬。美玲觉得青团的味道淡，于是搭配着番茄酱、老干妈、豆腐乳，虽然料理有点暗黑系，吃起来还是有滋有味。事后想想，我们总在自己的快节奏中狂奔，而孩子让我们发现还有更广阔、更和谐的节奏，比如大自然的节奏、更深的生命的节奏。

感受生命的成长，我们的时间感才会一点点扩展，也一点点地消融。学会慢下来，才能让自己放松、解脱，才能更自由地呼吸。放松其实对我们来说太不容易了，因为我们的身体和精神已经习惯长久的快节奏的工作和生活,我们放松不下来。但真正的平衡之道是有张必须得有弛。

耐心源自拉丁文"patire",意思是忍受。在为人父母的过程中,如同在最吸引人的冒险中一样,你有时候需要去忍受。换个角度去看忍受,这何尝不是我们刻意练习的好机会?

耐心、坚持,这都是人性的品质,但一旦拥有,就会让我们学会去面对苦难,会将我们的损失降到最低,也许还会发现我们身上所具有的新的能力。

这是耐心,也是生活的艺术。

丰盛花园:身体扫描

接下来,我们来好好练习放松和觉知吧!欢迎来到丰盛花园。要想越来越能够从自己的意识中觉察,关键是要与我们的身体建立亲密而直接的联系,当身体有反应的时候,就能觉察到当下的意识状态。当身体敏感度越来越高,对自己和对孩子会更了解。只要我们不断与身体的体验相协调,就能有意识地思考自己和孩子的感受。

所以当你集中注意力在身体上,你就能够全身心地感受自己、觉察自己。经常做身体扫描的冥想,这是一种经受时间考验的练习,可以用于身体觉察。《正念养育》中说道:"此技巧要求从脚趾到头部缓慢有意识,并且系统地将注意力集中到身体,也

第 ❺ 章 孩子如何帮助我们觉醒？

就是时刻关注任意身体部位的所有体验，包括知觉意识和情感意识，以及可能出现的与身体相关的想法。"

我们在睡觉前或者起床前都可以做这样的身体扫描。找一个安全、不易受干扰的地方，开始我们的身体扫描练习。我们将双腿伸直，双脚分开，与臀部同宽，双臂置于身体两侧并掌心向上，这样的姿势开放而包容。

在练习之前带着信念去感受身体，"我可以带着更多的爱，更多的关心来学习聆听自己的身体吗"，自己反复默念几遍，然后将它释放，同时将意识集中到一呼一吸上，去感受呼吸。现在引导你的意识到达左脚脚趾，关注此身体区域的任何感觉，如果你开始分心也没有关系，再把思绪拉回脚趾，不加任何评判去观察身体每个部分可能产生的体验。

接下来将注意力转到左脚的剩余部分，包括脚后跟接触平常表面带来的压迫感，感受它们带给你的信息，当你准备好了，继续转移到左脚踝，缓慢而温柔地在身体的每个区域移动。

扫描的区域从左脚脚趾、左脚底部、脚踝、脚面、小腿、膝盖、大腿、臀部，到右脚脚趾、右脚底部、脚踝、脚面、小腿、膝盖、大腿、臀部，再到整个盆骨、下背部、腹部、上背部、胸腔、胸部、肩胛骨、双肩，然后到左手手指、手、胳膊，右手手指、手、胳膊，最后到颈部、喉咙、头部、脸部。

觉察每个身体部位能够察觉到的感觉，在关注身体部位的同时，留意其他任何感受，比如说紧张，或是其他可能出现的情绪感受。如果你感觉在某一个区域逗留的时间过长或过短，也请你留意。当注意力离开一个区域的时候，伴随着一次呼吸，再转移，慢慢放松，转移焦点，允许上一个区域，从意识中慢慢撤离。

最后在你的头顶停留一会儿，想想那里有一个呼吸孔，像鲸鱼一样，你可以通过这个呼吸孔，呼气和吸气。感觉你吸进了空气，从头穿过你的身体，到达你的脚底。当你呼气的时候，空气又从脚底进入，从头顶吐出。整个身体像系统循环一样进行，呼气时你感受到一股暖流流进身体，并体会到完整与满足感。

请体会你的气息，在身体里流进流出的感觉，你的身体会接受这种友好的觉察。在结束的时候，观察自己的感受，是不是与一开始有不一样的地方。再次思考并回顾，你这次做身体扫描的意念，比如成为一个更有专注力的人，或是好好照顾自己。最后感谢自己，为自己所花费的时间和赋予自己的礼物——觉察。

成为父母不只是一份辛劳的付出，更是一场精神的探险。但所有的付出与探险都是值得的，它会让我们在生活的喧嚣中，发现一个秘密的世界，在那里，你会重新发现自己。当我们不断地觉知自己，完成了蜕变，我们便可以活出无比喜悦的人生。随着我们从僵化的信念以及未来的目标中解放出来，我们可以拥抱当下的自己和家人，活得更加自在、快乐、轻盈。

第 6 章

疗愈"内在小孩",把自己爱回来

> 如果你能摆脱与你自身的纠葛,所有天堂的精灵,都会屈尊将你服侍。如果你能猎获你野兽般的自我,你就获得了特权,去掌握所罗门的王国。
>
> ——鲁米

● 内在枷锁不挣脱,我们再努力也无法成长

在印度,驯象人在大象还小的时候,就用一条小小的铁链把它拴在柱子上。由于力量太小,小象拼尽全力也没办法挣脱,反复几次之后,渐渐就不挣扎了。等小象慢慢长成一头强壮的大象,看上去轻轻松松就能挣脱绳索,但是大象从不挣脱,也没有了挣脱的动力,就一直被拴在一根小小的铁链上了。我们会觉得奇怪,为什么长大了还不挣脱呢?因为大象身体长大了,但心里依然住着那头小象,它相信自己挣脱不了。大象真正挣脱不了的不是小小的铁链,而是内心里的枷锁。我们身边的很多人,之所以停留在与父母的关系里痛苦不已,就是因为内心里那把枷锁,让他们以为自己无力挣脱。

这种生物本能中的惯性,其实就是童年创伤的由来——我们的家庭、成长环境,就是我们的"驯象人",以至于我们每个人心中,都会住着一个未曾长大、未曾被安抚好的小孩。我的朋友英子也是如此。英子说起她的妈妈,总是在抱怨妈妈对她的控制,好像无论怎么做都得不到妈妈的认可。英子不是没有努力尝试和妈妈好好说说,在初中的时候因为憋得难受,给妈妈写了一封信,结果第二天妈妈认为是英子在指责她这里不好那里不好,还把英子骂了一顿。

第 6 章 疗愈"内在小孩",把自己爱回来

从此,英子感觉跟她妈妈沟通没用,说了她也不会了解,只会让事情愈演愈烈。英子说有了孩子之后,各种事情、压力、挫败扑面而来,有的时候会在没人的时候放声大哭。她说在失落的时候,总会想起小时候一旦考得不好,她妈妈就威胁要让她跪在学校里来羞辱她。

"天哪,每当我想象我要是跪在学校里,同班的男同学和女同学就在我面前走来走去,想到这一幕,我就在想我会有多丢脸!还好这一幕只是停留在脑海里,可我妈只要用这一招威胁我,我就怕得不行。那时候,我问我妈:'难道在你眼里,我就是一个学习机器吗?'我妈说:'是的,你就是一个学习机器。'一句话说得我的心冰凉,她看见的永远是成绩,看不见我。"

每次面对英子,我总有种很深的感受:她拼命想让妈妈认可她、爱她,但一直没有成功。表面上她孝顺妈妈,逢年过节总是给妈妈各种仪式感,但私下很不喜欢妈妈对她的很多安排。

"我知道他们当时也没办法,但在心里就是有一个深不见底的黑洞,没有爱,也填不满。这个黑洞拼命地吞噬我的生命能量,我越是努力在生活,黑洞就越有办法让我感觉一无所有。"

明明很痛苦,却迟迟不愿意在心理上和父母告别。是什么牵绊住我们?表面上是我们觉察不到自己已经长大,已经可以在心理上和父母分离,但潜意识中,我们一直停留在过去,我们期待被父母完全地看见,发自内心地爱我们。

《回到当下的旅程》一书的作者李尔纳曾说:"我们记住了一个不甚完美的过去,并将其向前投射,以期创造一个美好的未

来。此举延续了我们不完美的过去，并将自己锁在了虚幻的世界里。"我们很多人就像英子一样，好像永远锁在了缺爱、缺安全感的那个过去，像一个饿鬼，不断地向外找爱、找安全感，找得伤痕累累。

苏格拉底说："未经省察的人生不值一提。"如果你不省察自己，那么生命就是一个简单的轮回，成年的你会将早就形成的心灵地图再重演一遍。我们要做的是要觉知到：我们已经长大了，已经具备挣脱枷锁的能力了。

任何时候，你都有选择的权利

卸下枷锁的方法是要告诉自己不是没有办法，而是任何时候，我们都拥有选择的权利。虽然认清这一步，非常不容易，但只要意识到自己有选择，就是改变的开始。如果你不愿意走出来，那就给自己一些时间，让自己走出来。因为只有愿意选择勇敢地往前走，我们才能真正地做自己，看见自己，绽放生命本自具足的光彩。

曾经，我刚生完孩子不久，发现自己控制欲好强，像极了我妈妈小时候控制我的样子。

那是下午一点半，孩子刚睡着不久，好不容易世界都静下来了，我可以小小奢侈地睡下，可还没睡一顿饭的工夫，两个多月的儿子醒了，在那儿哼哼唧唧不停歇。睡意正浓的我实在睁不

第 6 章 疗愈"内在小孩",把自己爱回来

开眼睛,想着哼就哼吧。他哼了不一会儿,哭腔就开始了。我闭着眼睛觉得完了、完了,又睡不成了。我索性坐起来,看着他嘴巴儿张成一个圆形,扯着嗓子没有眼泪地在那儿哭,而我又困得不行,朝他一吼:"喂饱了,也睡饱了,哭什么哭,再哭妈妈就不喜欢你了。"刚一说出口,我就意识到错了。我是多么像我妈妈呀,小时候我和她一起睡觉,因为那时候睡的是席梦思,所以我翻一个身,有点动静我妈妈就把我吼一顿,说我乱动干扰她睡觉,直到现在我睡觉都不怎么动。

可是我的儿子才两个多月,这么小,他哭着是在表达需求,我为什么这么不耐烦?那时我已经做了 10 年的教育,孕期看了几百本育儿书,写了 100 多篇育儿文章,了解道理和付诸实践感觉中间差了一个太平洋。我还是下意识地控制他,想让他配合我的想法,我意识到内心的这把枷锁又出现了。

我在心里告诉自己:"我要走出来了,我不想活在爸爸妈妈的影子里,我要和他们告别,我有能力做一个全新的自己。"在那时,我妈妈已经去世好几年,我在一个有阳光的日子里去了妈妈的墓前,把心里的话全部说出来了,也告诉妈妈:"对不起妈妈,请原谅我,请允许我做自己,我想开始一段全新的旅程了。"

当我把想说的话全部说完后,感到无比轻松和解脱,也有一种重新做自己主人的力量感。那一刻开始,我才深切地意识到,我已经不再是那个过去听话的乖孩子了,而是一个敢于表达自己的新女性。从那天起,我选择按照自己的意愿来过一生。

● 疗愈自己，持续给自己爱和陪伴

在疗愈陪伴内在小孩的过程中，我选择了给自己爱的方式。因为心理惯性的原因，我还会不自觉地感受到"枷锁"的存在，它会变成我敏感的神经、脆弱的情绪、想要被安慰的心。这时我总会将左手放在丹田，右手放在心脏上，去联结自己内心的感受，在自己感觉不好的时候，跟自己说话。

"我会爱你，我会陪着你一辈子，我会给你力量，你已经很好了……"一遍遍地跟自己说，直到内心感觉慢慢好起来。李尔纳写道："所有过去的你，都像影子一样跟随在你的身后。他们在等待你的彻底觉醒。他们在等待你返回家园，回到合一、爱、智慧、寂静和慈悲之中。"那个曾经是孩子的你，仍与你同在。她在等待一直想要的无条件的爱和接纳。因为这终将疗愈她、安抚她、让她放松和平静。

无条件地给我们爱和接纳，我们的父母很难做到，但是我们已经长大了，已经有了新的力量，是时候承接和分离了。因为，我表达的是自己的感受，释放的是自己的压抑。父母有父母的人生，而我，有自己的人生。就这样，一遍遍地感受内心，联结自己，我终于接受了自己的不完美，逐渐放下了对自己的攻击。接受，我就放过了自己，这就是慈悲，这也是我今生的功课。

并且我也与原生家庭那些魔咒渐行渐远，从帮助家长课上的妈妈们心灵成长的过程中源源不断地获得能量和成就感。是的，最有能力照顾那个内在小孩的人是自己，我决定要好好来爱她。我才是那个最最重要的人，我会陪着她一辈子，爱她是我的责任。我没有办法依赖任何人，包括父母、爱人、孩子、朋友，"妈妈给不了我的，我就自己给自己"。

一天一天地，把自己爱回来。这样的改变是来自我终于学会了"放下"，放下曾经的那些执着的痛苦，学会了"臣服"。我的老师许晋杭曾经跟我说："一切因你而来，一切为你发生。"很多事情的发生，不是偶然，是必然。所有来到我生命中的人和事，都是我必须经历的"体验"。人生就是一场盛大的体验，这些体验都是为了让我觉察到在我的生命里，其他人都是配合剧本的演员，只有自己是导演。

如果我们全然允许自己完全敞开，接纳这个世界为我们提供的一切设计好的多样性机会，从中感受到爱与富足，并能够轻松且喜悦地生活，那么，还有什么更好的可能性呢？

丰盛花园：好好爱自己

我们要提升能量，保持关照和觉知的时候，就来自己的丰盛花园吧。素黑在《好好爱自己》中说道："最强的治疗，原是靠自己的爱打动自己。世上只有自己最有资格治好自己，但要花的耐性和爱、决心和坚持，却是我所明白和领会过的最伟大最漫长的爱情。"

怎么好好爱自己呢？有一天，我在一本心理学书上看到这样一段话，很是触动，书中说："从本质上讲，爱与非爱都是自私的，区别爱与非爱不在于它自私与否，而是看它行动的目标，真爱的目标永远在于心灵的成长，而非爱的目标总是其他的东西。只有真正爱自己的人，才会有足够的勇气直面生活，不受他人、社会或者传统势力的左右，敢于改变自己。"

是的，真正爱自己不是物质的享受，而是"让自己的心灵成长"。在生活中践行的方式有很多种，我的闺蜜月玲就是把生活过成了花园，带着孩子一起过着强感受力的生活。月玲是一位生活艺术家，她能用刚采摘下的阔叶子当成碟子，用野生的麦穗来煮饭，用丝带和花做成风铃，用树枝做成置物架给女儿兜兜挂小首饰……和她在一起，感觉生活是用来热爱的。

每次和月玲在一起，好像进入了另外一个世界，这个世界里有圆滚滚的小番茄，有带着刺的黄瓜，有一口咬下去吃什么都会甜的神秘果。还可以摘一片叶子放在水果茶里，摘些杨梅放在排骨里，缤纷的样子，让人沉醉。

有一次，我们去月玲家吃饭，她说要做宫廷御菜来招待我们，这道硬菜叫"灯影牛肉"，因为这道菜过程复杂，现在已经很少有人做了。月玲还做了星空羹，中间还有淀粉做的两朵云，好像是用藕粉做的星空，用紫色的花调的颜色。她的女儿兜兜还给两个弟弟做了小夜灯，说晚上走路就不害怕了。

美玲认真对待一饭一蔬，把家里布置得温馨整洁，从身边一件件小事中发现美、感受美、理解美，体验到了真实的人间烟火气，也体验到了童话世界的浪漫缤纷。每个人爱自己的方式不

第 6 章 疗愈"内在小孩",把自己爱回来

同,徐巍在《像爱奢侈品一样爱自己》中认为:女性需要像奢侈品一样认为自己值得拥有,像奢侈品一样具有独特性,像奢侈品一样不断升级自己,像奢侈品一样具有质感(读书、旅行、体悟)……

你都有哪些爱自己的方式呢?来写写看吧!

我是这样好好爱自己的:

① _____

② _____

③ _____

第7章

一念之转,改变看待自己的方式

> 想想看,今后所有的仇恨,心灵都能恢复它原有的纯真,最后终于明白——那就是自我愉悦、自我抚慰、自我惊吓,以及,它自己甜美的意愿就是天堂的意愿。
>
> ——叶慈

第 7 章 一念之转，改变看待自己的方式

● 时而坚定时而怀疑的自我

在一次生命故事的工作坊里，朋友小 A 意外地发现人生中的低谷和高光，在结婚之后出现的特别多，尤其是低谷。她和我们分享了这样一个片段：

最近一段时间，工作上都比较辛苦，于是她和老公说到一起出去旅行，小 A 就憧憬去海边吹吹海风放松一下，她老公接话说道："我就想去韩国看海女采鲍鱼，想想就好爽。"她一听嘟哝下："就知道去看美女。"她老公一听立马回道："你都知道啥，你说说你都知道啥，海女都是些老奶奶，哎。"说罢又是叹气又是摇头，边拿起 Pad 边表现出一副不想再与她说话的模样。

小 A 说她瞬间感觉情绪"噌"的就上来了，"难道你知道的点我就该知道，是不是我知道的点你也应该知道？"可她老公不说话了，也没有任何回应，像是一拳打到了棉花上。你不说，我也不说，就这样两人许久都没说话。小 A 说这样的场景还有很多，她老公特别爱冷嘲热讽，聊着聊着心就堵住了。

我："这让你感觉怎么样？"

小 A："我感觉我自己好笨，什么都不知道。"

我："你为什么会有这样的想法？"

小 A："从小，我爸妈就说我没脑子，我也觉得我没脑子，

结婚后，我老公也总是这样攻击我。"

我："那你觉得自己呢？"

小A："我觉得自己有时候做得还挺好，工作上的成就让我觉得自己还挺能干的，可是他们一说我，我也好像这么觉得。"

是啊，从小被打压长大的我们，自我的存在感一直不强，时而坚定，时而自我怀疑，《一念之转》的作者拜伦·凯蒂也是如此，甚至更严重。1986年2月份之前，她就是一位普通女性，结了两次婚，有几个孩子。十几年来，她一直处于精神低迷的状态，暴躁、易怒、偏执，严重的时候甚至需要被治疗。某一天清晨，当她从地板上醒过来的时候，她说自己所有的愤怒，所有曾经困扰自己的想法，以及自己的整个世界，甚至是全世界都消失不见了。这个时候内心深处突如泉涌，涌进了无法抑制的一些笑声，而且周遭的一切都变得如此陌生，好像内在某个东西突然清醒过来了。

那次之后，凯蒂回到家里，所有人都觉得她完全变成了另外的一个人。当时她16岁的女儿说："我们知道经历多年的狂风暴雨终于过去了，以前她有事没事就数落我和弟弟，经常对我们大吼大叫，我怕到不敢跟她待在同一个屋子里，现在她似乎完全地安静了下来。"从那次回来之后，拜伦·凯蒂家里经常挤满了人，很多人特地跑来听她讲一些事情，跟她学习。她都发生了什么？为什么有这样的变化？

那就要说起她用的方式：一念之转。可真的这么神奇吗？一开始，我也是将信将疑地先试一试，开始做转念作业。到后来每

第 7 章 一念之转，改变看待自己的方式

次感觉痛苦，或是陷入低谷的时候，我都会用转念法让自己恢复平静，并且获得更多能量。当你成为自己的老师之后，就不用依靠外在的力量，可以指导自己度过生命中的艰难时刻。接下来我们就来分享一念之转的方法。

与其抱怨，不如把你的问题写在纸上

我们会发现我们的世界里总是围绕着"我想要，我不想要，他为什么这样对我，他不应该，他应该"诸如此类抱怨自己、抱怨别人的话，一遍一遍地重复。

与其在心里面固化这些评判，不如我们把它写在纸上，让我们的情绪有机会"泄洪"。更重要的是，把你的情绪都写在纸上，是让你安静下来，走进你的内心世界。这些抱怨的话，凯蒂称之为"批评他人的转念作业单"，我们把这些作业单列出 6 个问题。

① 谁让你感到生气，伤心或失望？为什么？还有哪些地方是你不喜欢的？

② 你要他如何改变？你期待他如何表现？

③ 他应该（或不应该）做、想、成为或感觉什么呢？你想给他什么样的忠告？

④ 你需要他怎么做，你才会快乐？

⑤ 此刻他在你心目中是怎样的人呢？请详细描述一下。

⑥ 你再也不想跟这个人经历什么事吗？

和大家分享一位学员娇娇的案例。一次，在课程当中，娇娇上课发呆，明显特别疲惫。课后，她说对老公太失望了，烦得很。我让她按照 6 个问题写了下来。

① 谁让你感到生气，伤心或失望？为什么？还有哪些地方是你不喜欢的？

老公，他不关心我，漠视我，我妈妈生病，他也没有太关心，我觉得他很冷漠。

② 你要他如何改变？你期待他如何表现？

我希望他能够关注我，经常问问我的情况，我期待他能关心我，我家有什么事，他能够关心并参与。

③ 他应该（或不应该）做、想、成为或感觉什么呢？你想给他什么样的忠告？

他应该想成为他自己领域的专家，我想让他在努力的同时也记得关心我。

④ 你需要他怎么做，你才会快乐？

经常跟我说说话，为我做一些事情，我就会快乐。

⑤ 此刻他在你心目中是怎样的人呢？请详细描述一下。

他有他的难，我能理解，但我们现在越走越远，很多时候都没时间交流。

⑥ 你再也不想跟这个人经历什么事吗？

不想经历冷战。

第 7 章　一念之转，改变看待自己的方式

当她写完后，感觉她的表情柔软了一些。写下来，只是更好地看清自己的需求，想清楚自己到底要什么。接下来，我们要开始写转念作业了。

● 改变你人生的 4 句话

这 4 句话是什么样的呢？
① 那是真的吗？
② 你能百分之百肯定那是真的吗？
③ 当你持有那个想法时，你会如何反应呢？
④ 没有那个想法时，你会是怎样的人？

我让娇娇继续把之前的 6 个问题当素材，来做转念工作，让她问自己：

① 那是真的吗？

反问你自己："老公让我觉得冷漠，不关心我，这是真的吗？"然后，静静等候答案。如果你渴望知道问题的真相，答案会自动浮上心头。

② 你能百分之百肯定那是真的吗？

继续追问自己："能百分之百地肯定老公就是不关心我吗？我能肯定吗？"

③ 当你持有那个想法时，你会如何反应呢？

针对这个问题，我们可以梳理自己的想法：当你持有"老公

不关心我"的想法时,你通常会怎么反应,请列出清单:

比如:"我会不理他,保护自己,但久而久之,我会感觉我和他的关系已经没有希望了,想分开,但又纠结孩子的问题,一时不知道该怎么选择。"一边感知自己,一边写下去,看看在这种情景下,你会怎样对待自己。"我会很失望,然后会找东西吃来填满内心的空虚,慢慢地发现自己很胖,又开始减肥,不喜欢这样的自己。"所以,静静地体会内心,当你有"老公不关心我"的想法时,你通常会有怎样的反应?

④ 没有那个想法时,你会是怎样的人?

现在,请想想看,如果你没有"老公不关心我"的想法时,你会是怎样的人呢?可以闭上眼睛,想想象你没有"老公不关心我"的想法,感受一下,你有没有新的觉察和发现?你感觉如何?你可以继续写"我会爱他,享受和他在一起的感觉,全心全意地爱他"。

当你做"反躬自问"的时候,你会发现你每一个"我觉得、他应该、他不应该"都对应了一个反问,而在当下,你脑海中升起这样反问的时候,就是有了觉察,这些问题会引领我们走出思维的局限,从而放下。即使放不下,你也会看清楚你的想法,而想法本身不具任何杀伤力,除非我们对它深信不疑。带给我们痛苦的,并不是我们的想法,而是我们对想法的执着。执着于一个想法,意味着坚信不疑地认为它是真实的。信念,就是我们经年累月执着不放的想法。

当我们看清楚想法之后,就会发现,一切思维都是自己内

第 7 章　一念之转，改变看待自己的方式

心的投射，都是自己给自己编的剧本。看见的过程就是改变的开始。通过转念作业，我们可以觉察到那些限制自己的信念，从中脱身，从而获得解脱。接下来我们需要进行一个活动，就是"反向思考"。反向思考重写你的答案，这一次把别人全部写成自己，用"我"来取代他人。

娇娇原先的答案是"我对婚姻没有希望，因为他太冷漠，不关心我"，经过反转之后，可能变成"我对自己没有希望，因为我太冷漠，不关心他"，这是真实的吗？还可以反转成"我对自己没有希望，因为我太冷漠，不关心自己。"当你反向思考之后，你会看到一个句子有三种、四种甚至更多的反向思考。仔细去感受每一句，一句句地反问自己，审查每一个答复。你会发现，每个人都是反照出自己影像的一面镜子，是你自己的想法在响应你。

我问娇娇："我们现在要从其中一部分想法来反躬自问。我们先来看看那些想法，然后反问 4 句话，再反转，看看是从中是否有一些领悟。让我们开始吧，请再念第一个答复。"

娇娇："我觉得老公冷漠，不关心我。"

我："这是真的吗？你只要回答是或不是。无论回答的答案如何都没有对错和好坏之分，这只是让你自己走入内心看一看真相，然后再深入。所以，你觉得他冷漠不关心，这是真的吗？"

娇娇："嗯，有时候。"

我："'有时候'是比较诚实的回答，因为你刚才的话透露了他曾经关心过你。所以，他不关心你，很冷漠，这是真的吗？显

然你的答案是不。"

娇娇:"好吧。"

我:"当你有那个想法时,你有什么样的感觉?"

娇娇:"觉得浑身冰冷,不想和世界沟通,有点自暴自弃。"

我:"你是否能够找到理由放下'他不关心你'这个想法?我不是要你放弃这个想法,而是你说他有时候会不关心你,那意味着有时候会关心你,所以'他不关心你',这是一个谎言,你是否能够找到证据或理由来放下这个与事实不符合的谎言?"

娇娇:"可以。"

我:"请给我一个让你毫不焦虑地持有这个想法的理由,一个'他关心你',你也没有任何的隔阂,可以从心里跟他亲近的理由。"

娇娇:"我累的时候他会给我按按肩,我忙的时候他会主动照顾孩子。"

我:"好的,你做得很好。那么我们现在把第一个答复做反向思考。"

娇娇:"他不关心我,就是我不关心我。"

我:"是的,你的心一直活在他的关注里,所以你容易失去自己,患得患失。等他关注你的时候你开心,但他不关注你的时候你伤心。"

娇娇:"是的,很多时候我感觉自己没有自己。"

我:"是的,你没有经常跟自己说话,没有关注自己。你心里一直在想着他的关心,想要他的爱。每次你感觉孤独,那是因

第 7 章 一念之转,改变看待自己的方式

为你没有为自己活在当下而感到的孤独。"

娇娇:"是的,我知道了。"

我:"我们看下一个反向思考'我希望我能够关注自己,经常问问自己的情况,我期待我能关心我自己。'你可以给自己关注吗?可以自己关心自己吗?"

娇娇:"我可以啊,我可以给自己关注,关心自己。"

我:"是的,他有他的生活方式,你有你的。你不用强求用你的方式来去控制他对你要如何,对吗?"

娇娇:"是的。"

我:"当你有这种想法时,你是什么样的感受?"

娇娇:"我觉得我要多爱自己,多关注自己一些。哎,在这世界上没有比自己更爱自己的人,我需要关注自己,而不是关注他。"

我:"这是一个没有受害者的故事,当你感受到自己不是受害者的时候,你不会觉得他不关心你,没有关注你。当你没有这些伤心故事的时候,你会是怎样的人呢?"

娇娇:"我会是一个自由又快乐的人。"

我:"真好,你现在已经是努力爱自己也爱他的人,他不会知道真正的你是什么样的。与其强迫他知道,还不如享受你当下的快乐和自由。因为一旦那样做,你会发现你自己快乐,他也会被你吸引过来。那我们看下一个反向思考'他想成为他自己领域的专家,我想让我在努力的时候也关心我。'那么,你可以在你努力的时候关心你自己吗?"

娇娇:"我可以的。"

我:"他有他的生活方式,你有你的,你可以接受不同的生活方式吗?"

娇娇:"是的,我可以。之前好像老是想让他按照我的想法来,现在没有那么强烈了。"

我:"好的,我们看下一个反向思考'我经常要跟我说说话,我为我做一些事情,我就会快乐。'这一点你会做到吗?"

娇娇:"我想我可以,我知道了怎么去爱自己,我明白了。"

我:"好,那我们再看下一个答复'他有他的难我能理解,但是我们现在越走越远,很多时候都没有时间交流。'这是真的吗?"

娇娇:"不是。"

我:"那你相信这个谎言的时候,你会如何反应呢?"

娇娇:"我也不知道该怎么办,很迷茫。"

我:"那在没有受害者的这个故事中,你会怎样呢?"

娇娇:"我会很轻松,会充满爱,无论他爱不爱我,我都可以爱他,因为我是自由的。"

我:"好,那接下来我们到最后一个答复'我不想经历冷战',好,请将它反向思考,'你愿意经历冷战。'"

娇娇:"我愿意经历冷战。"

我:"每次冷战,你如果感到痛苦,就表示你的转念作业还没有做完。你老公会是你专业的老师,他会不断地拒绝你,直到你了解你的责任,不是拒绝冷战,不是拒绝他,也不是拒绝自

第 7 章 一念之转，改变看待自己的方式

己。你要问问自己，反问自己就会给你带来自由，你试着用这样的句式'我期待冷战。'"

娇娇："好吧，我期待冷战。"

我："冷战感受到痛苦是好事，因为痛苦是你陷入混乱的信号，也是你感受到谎言的信号。等你感受到痛苦的时候，就把它写下来，反问4句话，做反向思考就会从痛苦中走出来，因为你永远是问题的终结者。"

娇娇："好的，我会更多地关注自己。不知道为什么，现在就很想设定一些小目标，开始实施，内心突然很有力量。"

我："是的，你做得很好。我们本身就是爱，就是丰盛，就是光芒。在痛苦的感受里，我们会看不清楚自己。而当你反向思考时，就会看见自己的控制、独断，那时，你的思想会自然而然地放过了你，而不是你放过了他。"

这样4句话的"转念作业"，给你一个进入内心，与自己对话的机会，你会体会到一直存在你内心深处的平安。你会发现，这个平安永恒不变，也坚定不移，而且永远都在。

● 丰盛花园：转念作业

所以，当你纠结、焦虑的时候，和自己说"欢迎来做转念作业！"你是问题的终结者，当你不断反问自己的时候，你会发现令你痛苦的想法只是很多想法中的一种。如果你只相信你的一种

想法，你就会受苦。

我们再来回顾一下转念作业的方式吧。

主题：

你的 6 个问题：

_____

_____

_____

_____

_____

_____

反向问题：

① 那是真的吗？

_____

② 你能百分之百肯定那是真的吗？

_____

③ 当你持有那个想法时，你会如何反应呢？

_____

④ 没有那个想法，你会是怎样的人？

_____

你的反向思考：

_____

第 7 章　一念之转，改变看待自己的方式

_____

_____

_____

通过不断反躬自问，你会发现，任何事情，都是"为了我"而发生，而不是"冲着我"而来的。事实就是真相，而真相就是发生在你面前的任何事情。

不要与事实争辩，而是要做事实的情人。通过不断地与自我对话，你会觉察到喜乐和安宁一直在等着你。

第 8 章

焦虑,在行动中消失

在我们最积极、最纯粹的精神状态下,我们拥有为自己创造最美好生活的能力。

——露易丝·海《生命的重建》

第 8 章　焦虑，在行动中消失

与其等待生活变好，不如朝着逆向生长

　　这几年我们经历得太多，每个人都没有简单活着的福分。从前，各个行业都是我们挑战的目标，现在，面对经济的下行、疫情的影响，我们在稳定中飘摇；从前，婚姻是我们追求温暖的港湾，现在，更多的话题是同居室友、离婚冷静期；从前，我们陪伴孩子茁壮成长，现在，孩子面对高压力，不安焦虑，身心抑郁，甚至跳楼身亡；这些所有的现象都可以用一个定律来解释——熵增定律。

　　克劳修斯发现了熵增定律。自然社会任何时候都是高温自动向低温转移的。在一个封闭系统，最终会达到热平衡，没有了温差，再也不能做功，这个过程叫作熵增，最后状态就是熵死，也就是热寂。这是个让人悲伤的定律，因为它揭示了宇宙演化的终极规律。这个规律包括我们所有生命和非生命的演化规律，比如物质总是向着熵增演化，屋子不收拾会变乱，手机会越来越卡，热水会慢慢变凉，太阳会不断燃烧衰变……直到宇宙的尽头：热寂。

　　因为事物总是向着熵增的方向发展，事业、婚姻、亲子、健康，任何一个系统，都注定无法恒常，变化才是常态。《次第花开》中曾说："世间万物时刻处于变化中，而我们本能地想追求安全感、确定性，这就意味着生活往往会不顺我们的心。人们常

感叹人生失意,事实上那种挫败感很多时候只是一种对无常的体验。如果你承认无常是生命的规律并接受它,你就会放松下来。你知道这个世界上不是只有你一个人不称心如意、没有安全感。你会懂得很多事情都不可强求,自己尽了心就好。"与其等待生活、秩序慢慢变好,不如我们自己培养出这样一种能力:无论生命送给我们怎样的无常,我们都可以让生命力流经我们,感恩生命的馈赠,从中获取能量,发现礼物,逆向生长。

当我们想去改变时,总是发现既要工作,又要照顾孩子和家里,不由得感叹时间太少。日本女医生吉田穗波,在陆续生了5个孩子、全职工作的同时,到哈佛留学2年,还出了本书《就因为没时间,才什么都能办到》。

全职妈妈 Alice 在养娃的第三年重新拿起了英语书,考到了高级口译证书,还参加了一个会计培训班学习了2个月,随后又参加了4次雅思考试,并开始微信公众号写作。小小苏妈妈坚持母乳喂养,辅食自制,每天至少陪娃读绘本1小时,外出活动2小时,在小小苏一岁生日的时候,她们已经一起读完了1000本绘本;而她自己也在坚持每天45分钟运动、8小时睡眠,运营了一个小而精的公众号。

所以,不要老觉得你没有时间,时间都给了孩子,其实是孩子在陪你走过一段属于你的岁月。问题的重点在于你想成为什么样的人,你有什么样的梦想支撑你前行。现在,邀请你来逆向思考,如果有一天你的梦想实现了,你会怎样度过每一天?在你回答之前,先和你分享一个我的朋友梅珍的故事。

第 8 章 焦虑，在行动中消失

她是一家艺术学校的创办者，她曾跟我聊到说比较迷茫，不知道自己到底想要什么，也不清楚自己想要成为一个什么样的人，我就带她做了一个体验式的活动。

先让她写下了人生中的 10 个梦想，她写下来：

① 拥有一座庄园。

② 成为大师级的教育家。

③ 在全国有自己的学校。

④ 有自己的核心团队。

⑤ 成为一个让家人温暖的人。

⑥ 在旅行中学习。

⑦ 向大师学习。

⑧ 去做一些慈善工作。

⑨ 去感受瑜伽的智慧。

⑩ 成为一名厉害的企业家。

接下来，她需要在这 10 个梦想当中，选出自己最想实现的 3 个梦想，她选出来就是：

① 拥有自己的庄园。

② 成为一个让家人温暖的人。

③ 成为大师级的教育家。

最后她要选出一个最想实现的梦想，她发现最想实现的就是成为大师级的教育家。当她梳理清楚之后，我问："你的感受是什么？"她说："感觉自己目标更清晰，更有动力，原来只是模模糊糊地这样想过，但是今天才知道这个答案一直都在。"

我:"对你来说,为什么成为大师级的教育家这么重要?"

梅珍:"因为我可以帮助更多的人实现个人成长和自我突破,这样我就很有价值感。"

我:"如果这个梦想会实现,你会如何度过一天?"

梅珍:"我想我会更懂得珍惜时间,大多的时间都要用在提升自己身上。"

我:"可以具体说说吗?"

梅珍:"我会看书、讲课,经常外出学习,大家都很喜欢听我的课,觉得我的课对他们很有价值,能够让他们突破自我,敢于活出自己。"

我:"还有呢?"

梅珍:"还会陪伴家人,陪老公做他最喜欢的事情,和爸爸、儿子经常聊聊天。"

我:"特别好,还有呢?你听到什么,看到什么,感觉到什么?"

梅珍:"听到大家收获的声音,看到他们开心的笑脸,也看到我和老公静静地在各自的空间里做着喜欢的事情,遇到好的想法就去交流,应该就是这些。"

我:"是的,特别好,你现在对未来的感受是怎样的?"

梅珍:"我觉得更清晰了,也知道自己该怎么做了。"

我:"所以,你下一步准备做什么?"

梅珍:"我要沉下心,扎扎实实打磨好自己的课。"

梅珍在层层分析后,找到了自己前进的动力。你也可以写下

第 8 章 焦虑，在行动中消失

来，如果有一天你的梦想实现了，它们是什么，请写出 10 个。

① _____
② _____
③ _____
④ _____
⑤ _____
⑥ _____
⑦ _____
⑧ _____
⑨ _____
⑩ _____

接下来，如果只能选 3 个，那么你心动的 3 个梦想分别是：

① _____
② _____
③ _____

最后选出一个你内心特别渴望的梦想，那会是：

_____

与这个梦想相关的下一步行动是：

_____

爱因斯坦说："创造问题的同一层次无法解决问题。"当你焦虑、迷茫，与其苦思解决方案，不如逆向思考，从现在的固有角色中跳出来，到梦想的尽头，当你的觉察在更宏大的领域，就会有很多的创造力。

一天之计在于晨,一生之计在于晨

当我们发现内心真正渴望的方向后,我们该怎么做才可以让一天更有质量呢?我们经常会听到别人这样说:"你是如何度过一天,就是如何度过一生。"那么,你究竟该如何度过一天?

《生命的重建》的作者露易斯·海曾说:"我们应该教大家如何开始他们的每一天,每天起床后的第一小时是至关重要的,这一个小时将会决定你这一天过得怎么样。"我知道很多人都不喜欢被闹钟吵醒,希望能够睡到自然醒,不想起床,不想面对接下来的忙碌,甚至不想面对接下来的人生。起床的时候会说:"烦死了""真不想起来上班""什么时候不上班就好了"。你如果用这样的态度对待一天,这一天会过得好吗?如果一天就让这样糟糕的情绪去影响,这一天也是糟透了的。换个角度逆向思考,如果我们想让人生变得美好,就要让每一天变得美好,让每一个早晨变得美好。

露易斯·海是如何开启她的一天呢?她每天醒来不着急起来,趴在床上,感受它的柔软舒适,会对自己说:"感谢你赐予我前一晚的好觉。"会用持续几分钟,把面对新一天的积极态度调动起来:"这是美好的一天,这将是极为美好的一天。"

起来之后,她就会感谢自己的身体机能良好,花一点时间去伸展四肢,然后沏上一杯茶在床上阅读。她喜欢给自己两个小时的时间去思考早上要吃、喜欢吃些什么美食。如果要做一个访谈,她会

第 8 章　焦虑，在行动中消失

告诉自己：我这次访谈会很顺利也会很愉快，我与采访者热切交流的看法与我分享的见解，他们会深深认同，大家皆大欢喜。

露易斯·海非常擅长对自己的早上进行潜意识的重建，释放掉那些限制我们变得更好的想法。当更有能量的习惯思维去影响我们，就会决定我们的生活质量，我们就越能够把内心的独白变得积极，就能生活得更好。

所以有几个问题非常重要，值得思考：

你每天对自己说的第一句话是什么？
你早上刷牙的时候想的是什么？
你穿衣服的时候，你会对自己说什么？
你做早饭送孩子上学，对家人说的是什么？

往往这些是无意识的时刻，可是如果你有意去觉察，这些都是可以值得利用的时刻。《能断金刚》的作者格西麦克·罗奇说："要密切关注你的意识状态。"是的，你在心灵里经常播什么样的种子？我发现当我有意识觉察，并对话之后，特别受益。每天早上的这种能量，让我更加期待早起的寂静和收获，而不是用鸡血的方式去鼓励自己。

早上的静默，是一天里内心美好的铺垫。这种美好的感受，让我的心更柔软，我把这种能量也传递给老公，于是我们慢慢变得谦和起来。2021 年，是我们结婚的第五年，说实话，这一年吵架和冷暴力比以前少太多了，我们都在生活当中学会善待自己和对方，也能够把注意力更多地放在自我成长上。

像露易斯·海一样，我每天早上尽量避免会议，我也常常坐在书桌前安静地沉默一会儿，去冥想，去问自己接下来的课题，去问自己面对的问题如何解决。每每此时，内心总都会告诉我答案。早上能做的事很多，阅读、写作之后，我也有更多的能量面对孩子的起床。之前，我会想着各种方法让孩子起床，做游戏、放音乐、挠痒痒、数数……当然，时间来不及的时候也会暴躁，因为 Mike 的起床时间很长。现在呢，我也像露易斯·海一样，对孩子说："起床穿衣服很容易，我们都很喜欢穿衣服的过程。"他吃早饭的时候，我就会说："吃早饭也很有趣，我们都很喜欢和家人在一起吃早饭，早上按时吃早饭，身体就会健健康康的。"

每次说的时候，就像是催眠一样，大家也就真的这样感受着。当然我不是每一次都会做得特别好，早上想到一些糟糕的事情时，我就会跟自己说几句让自己开心起来的话，比如说"生活其实很爱我的"。接着闭上眼睛想想生活爱我的方式，慢慢恢复平静。我很喜欢《生命的重建》里面那些对自己说的话，在这里分享给大家：

当你睡醒的时候：

早安，我的床，感谢你如此舒适，我很爱你哦！

亲爱的（说自己的名字），今天真是个好日子。

一切都按部就班，我今天有充足的时间做需要做的事情。

第 8 章　焦虑，在行动中消失

当你在浴室镜子面前的时候：
早安，（说自己的名字）我爱你，我真是爱你呀！

我们今天要有美好的经历。

你看上去很漂亮。

你的笑容令人陶醉。

你的妆容恰到好处。

你是美人中的美人，

你今天将过得充实幸福。

我爱你。

当你淋浴的时候：
我爱我的身体，我的身体也爱我。

洗个澡真是人生美事。

水流的感觉真舒服。

我真是感谢设计这套淋浴设备的人。

我的人生如此幸福。

当你如厕的时候：
我卸去了千斤重担，清除了体内垃圾。

吃喝拉撒无非天意。

当你穿衣服的时候：
我爱我的衣橱。

我的衣橱井井有条，选取衣物毫不费力。

我穿上了最好看的衣服。

衣服真是既好看又舒服。

我的内在就会为我挑选好合适的衣服。

想象一下，每一天的早晨我们都带着觉察，让积极的能量来到生命里，那这一生的品质也会令人惊艳。

● 生命里的剽悍原则：最重要的事只有一件

《A4 纸上看人生》里说到，人生其实只有 900 个月，如果把我们的每一天画在一张白色的 A4 纸上，画一个 30×30 的表格，每过一个月可以在小格子里打钩，你的全部人生就在这张白纸上。当你根据自己的岁数，涂完钩的时候，你可能会心里酸酸的——剩下的日子不多了。人生还是很短暂的，没有太多时间让我们把各种事情一件一件来经历，所以要思考什么是最重要的。

要在战略上勤奋，最重要的是做减法。《最重要的事，只有一件》一书中认为："完成最重要的事，就像推倒第一块多米诺骨牌，接着，剩下的问题都会迎刃而解。""二八法则"中，80%的结果得益于 20% 的付出，但最难的事情不是专注那 20% 去主动付出，而是要找出最重要的事是什么。我们继续逆向思考，把待办清单列出来，不断简化简化再简化，找出关键中的关键，直到找出那件最重要的事——这是非常重要的思维模式。

很多时候，我们找不到生命中那件最重要的事，是因为我们什么都想要。想要工作上有成就，想要好好陪伴孩子成长，想要家人关系和睦，可做到这些哪有那么容易。我曾也是一边创业，一边写书，一边带娃，一边平衡家庭关系，那段时间心力交瘁。你有没有过，文档写到一半忘了保存，一切努力归于泡影的崩溃

第 8 章 焦虑，在行动中消失

与抓狂？我有，50万字，不是没保存，是编辑不要。第一次，写完十几万字，送过去。编辑说，出不了，我们另外找个方向重写。重写？我默默接回文档，一个月内都没打开第一版书稿，不愿意面对那个失败的自己。

好不容易第二次，鼓起勇气重新出发，从完全不同的方向，又写了十几万字。我像提着全副身家一般，战战兢兢送给一个编辑，这次收下了。来来回回，第二次成品的修改稿又写出了近十万字。2019年5月，写了一年半书稿，上交了第五稿的大纲，编辑始终没有回复。我没有像以往一样跟编辑继续探讨该怎么写，就是不想写了。写作，是我的热爱，可是这份爱却一次次被泼冷水。

我每天早上5点起来写作，一个字一个字敲击键盘，写书的那段时间，回避了所有合作，还曾闭关一个月，每天在省图书馆里码字，直到关门才出来。看到附近商店里15元的"牛肉蛋卷"和9元的"卤蛋卷"，我毫不犹豫地买了"卤蛋卷"，只是因为便宜。那时候没有经济来源，还仍坚持继续写的决心，让我觉得自己既克制又努力。可第五稿大纲编辑没有回复，浇灭了我写书的最后一点火星。

情绪不能表露，在家要若无其事，不敢让家人知道。家人偶尔说起："写书你都写几年了，怎么还没搞出来？"我只能沉默，如果这些都不算苦，那什么才是苦？我的朋友水青衣说我"像极了果园里的果农，起早贪黑，春耕秋种。待果熟蒂落，漫山遍野，却卖不出去。眼看着新鲜的桃，从青翠欲滴到嫣红到黑斑，到发出腐烂的气息"。

晋杭老师曾跟我说："记住这些感受，未来会帮助你创作更多的好作品，会让你帮助更多跟你一样需要帮助的人，你辛苦了。"看到老师在微信上发的这句话，我号啕大哭，想起那些不被看好的日日夜夜，真觉得太委屈了。哭完还是没有再写书，因为我受不了不断被否定的日子，我太知道动笔的后果了，动笔就是一个又一个月的沉默期，没有认可，没有支持，只有恐慌。

那段时间，我迷茫，混乱，焦虑，像一个没有方向的驴子，一天一天，围着生活转圈圈。我不知道生命中重要的事是什么，晋杭老师知道我的情况，飞往合肥，帮我一对一做了深度的辅导。老师用排除法帮我梳理出我最重要的一件事：写书！

晋杭老师要离开合肥时，在机场对我说："2020年，你最重要的任务就是把书写出来，我每天都会监督你。"天哪，这句话像离弦的箭，"嗖"的一下射中我。而且，他担心我拖延，让我在1 000天演说打卡中，把每一天的打卡内容和写书进度联系在一起。老师的殷切期盼，让我下定决心，要在2020年完成创作任务，因为我不想辜负老师对我的期待，不想老师对我失望。

我为了激励自己，写了两个大字"出书"贴在窗户上，以便自己一抬眼就能看到。接下来，2020年1月，我重新写了第六稿大纲，2月，找了3家出版社，对接成功北京理工大学出版社。2月底，写完全书稿。而再交稿得到的反馈是："这一版，无论从表述的生动性，还是方法的获得感，都有明显提升，相信这次基本上可以定稿出版了。"

2020年7月，我的书正式出版。7月底，在老师的赋能和支持下，我的第一场签售会500本一销而空。9月，拥有了自己的

第 8 章　焦虑，在行动中消失

蜜柚团队，10 月，正式创办公司，而我和家人的关系也越来越好。果然，出书就像我生命中那张最重要的多米诺骨牌，找到了，解决了，其他问题都迎刃而解。

丰盛花园：把最重要的时间留给自己

和大家分享詹姆斯·克尔曼的故事，他凭借作品《为时已晚》获得了英语小说界最高奖项布克奖。他在接受《卫报》采访时，回忆起了他年轻时的写作生涯。当时詹姆斯·克尔曼不是专职作家，他说，每一天早上 5 点 30 分到 7 点之间，他都在书桌前写作。

"我之所以养成这个习惯，是因为感受到来自外部那些必要事务的压力。20 世纪 60 年代中后期，当我还是一个年轻的伦敦小伙子的时候，我就开始写作了。我不放过任何能找到的工作，大多数工作都是从早上 8 点开始，然后无休止地继续下去。等我回到家的时候，已经是身心俱疲，不能再做任何事了。"

他发现了一条重要而又隐秘的艺术原则：疲惫的身体中活着一颗疲惫的心灵。于是，他决定在每天早上出门前 2 小时起床。詹姆斯·克尔曼在 20 多岁的时候是一名司机，同时是两个孩子的父亲。如果换班时间是早晨 5 点，他会想办法在把车开出车库前花 1 小时来写故事。尽管中途搁笔停止是一件很痛苦的事情，但他认为这也比一轮长达 12 小时上班之后再试图写作要好一些。

詹姆斯·克尔曼说："我在偷时间。这条简单的法则就是：

把最好的时间留给自己,而不是卖给你的老板。"他不断践行着,后来,26岁的詹姆斯·克尔曼在美国出版了自己的第一部短篇小说集。所以,不管我们是全职妈妈、职场人士还是创业人士,我们都需要明白3个问题。

第一,我的梦想是什么?

———————————————————————

第二,我最重要的事是什么?

———————————————————————

第三,一天中我最有精力的时间是什么时间段?

———————————————————————

为什么要思考这3个问题,因为想清楚这3个问题后,你才知道你想走的方向和路径。

旧地图找不到新大陆。当我们在面对一些事情发生的时候总有自己的一套理论,执迷不悟,百折不挠,就像一个倔强的孩子,明明犯了错却死不承认。樊登老师说:"大人很想帮助孩子,就像上天也很想帮助我们。但当你死不认错的时候,想帮也帮不了啊。"

当你不再执着自己的那一套,以终为始,逆向思考,重新给自己绘制一张新地图,才有可能获得"新生",通往一个全新的未来。东野圭吾的《祈祷落幕时》电影中有个片段,就是父亲在不得已情况下要与女儿分别时,送给女儿最后的祝福和嘱咐,大意是:一定要尽力去发现自己喜欢的东西,拥有梦想地活下去。

是啊,请你一定努力找到生命中最喜欢的事、最重要的事,因为有它们,你才会成为你。当你找到了自己,世界自然就会找到你。

第9章

"做不到"的部分,也值得被你看见

> 背叛自我就是背叛天性,如果我们总接受别人对自己的定义,就会相信他们的评价更真实。通过别人的观点来认识自我,这种从外在因素认识自我的逆向方式,只能使对自我的认识更加模糊。
>
> ——帕萃丝·埃文斯《不要用爱控制我》

"我做不到，不和他吵架"

有一天晚上，Mike 恶作剧，自己把头发剪了一小撮，老公看到后立刻放下筷子，脸一沉，追着娃一顿狂吼："谁让你剪头发的？""你剪了哪里，你现在剪的是头发，胆子还真不小，以后谁知道你要剪什么东西，小小年纪啊，谁允许你剪的？"娃被吓得一溜烟从客厅跑到我身边，我当时正在开会，被老公也吼一顿："是你允许他剪头发的吗？你怎么看到了不制止一下呢？"吓得我说话都说不利索，后来镇定一下心神，继续开会。

会议结束后，回到客厅，发现娃正在被老公和婆婆继续数落。"这么喜欢剪头发是吧？自己还觉得无所谓，你要想剪头发，我就给你剃个光头，明天奶奶就带你去理发店剃个光头。" Mike 一声不吭，默默走到书房里，从里面把门关了起来。

他们越说孩子，我会越生气。但因为婆婆在，我不好说什么。等婆婆回到客厅，我就开始跟老公把我想说的话全部一股脑地说出来。我说："你那么吼，我自己都吓得要命，胸口到胃一直都疼，更别说一个 4 岁半的小孩了。再说他知道把头发剪掉是不对的吗？他不知道。你有告诉他吗？你没有。如果你不喜欢他这么做，你可以告诉他。如果你一生气就对他狂吼，那么他就不知道什么是轻的错和重的错，而且他也会学你的方式，一不高兴

第 9 章 "做不到"的部分,也值得被你看见

就用吼的方式对待他身边最亲的人。"

我在与老公沟通的时候,Mike 从里面的书房出来了,看外面情况不对,然后又进去了。我继续:"你陪孩子时间又少,我不想你陪他的时间,全部都是用来吼他骂他的。"我大段大段的说完之后,老公脸色臭臭的,一句话都不说。人家都不说了,我还嚷嚷什么,算了,不说了。

过了一会儿,估计儿子听到外面不吵了,从书房里面走出来,用一本书遮住了大部分的脸,只露出眼睛一点点的地方,朝着我们走过来,叽里咕噜说了一句:"三个人在一起,一点都不美好。"老公还在生气,起身去做他的事儿。我抱着 Mike 说:"你是不是挺害怕,刚才爸爸妈妈脾气都挺大的,但是我是爱你的,有的时候,妈妈实在是控制不住自己的情绪,能原谅我吗?"

他点点头,说:"可以。"晚上入睡的时候,老公主动去陪他睡觉、陪他说话,还给孩子弄了点小零食,他用另一种方式去表达他对孩子的爱。第二天早上 Mike 醒了,我问:"你能感受到妈妈对你的爱吗?"他说:"可以。"我不放心,继续:"你能感受到爸爸对你的爱吗?"孩子说:"可以。"那一刻,我释然了。

孩子比我们想象的要坚强很多,包容度也比我们大很多,他们可以随时随地放下对我们的怨恨,无条件地支持我们、爱我们。我知道不要当着孩子的面和老公争论不休,有的时候脾气上来,也会一忍再忍,可有的时候实在绷不住会吵得更凶。我也想避开孩子,但是没办法,家里就这么点地方,两个人在一起生活

难免有摩擦，如果一直不说，一直顺从，我觉得憋得难受。

我爸爸特别喜欢忍，经常教育我说忍字头上一把刀，还买了块刻了"忍"字的石头放在客厅激励自己。被我爸爸影响，以前我可以忍到几天不说话，总是和老公冷战，可是这些孩子也会感受得到，"忍"始终不是好主意，就算这次不吵也会留到下一次吵，还不如及时把话说开，及时调整。在每一次争吵中，我都努力让自己能够把话说清楚，慢慢地也培养了更加健康的沟通方式。把需求说出来，把感受也说出来，学会了怎么样好好吵架，也会让孩子知道我们吵架，并不是因为他做错了什么，而是我们都需要去用语言表达自己的感受。

● 感激，生命送给我们这 40 分的智慧

生活中，我们不仅仅是"我做不到，不和他吵架"，也会是"我做不到，生气了不对孩子发脾气"，也会是"我做不到，天天给孩子高质量的陪伴"，也会是"我做不到，为孩子成为学霸"，还可能是"我做不到，总是读懂孩子的感受"……我们总被外界鼓励要去"做到"怎样怎样，但是"做不到"的部分，不仅需要被你看见，而且有大智慧。

英国精神分析师温尼科特说，妈妈做到"good enough"就可以了，不必做到完美。一般的育儿书把它倾向于翻译成 60 分的妈妈，认为 60 分的妈妈刚刚好，也清晰地允许了 40 分的不好。

第 9 章 "做不到"的部分，也值得被你看见

在育儿的这条路上，我们都想把自己修炼成为一个更加好的妈妈，少发脾气、少吵架、少给孩子贴标签，但实际问题是，很多时候，我们做不到。

我们吼了孩子之后，总会觉得是自己做得不好。在这种愧疚的心理下，就会让更多的情绪内耗。曾奇峰在《曾奇峰的心理课》中曾这样说："追求完美的妈妈向外呈现的，不是那个有'瑕疵'的、鲜活的自己，而是一个被伪装的、虚假的自己，这使孩子无法通过妈妈的'镜影'，看到真实的自己。"如果我们一直活在面具里，自己让孩子看到的就是一个伟大的妈妈，那么，对于这样的妈妈所提出来的要求，孩子很可能有更多的情绪，用更多的反抗的动作来报复，对抗妈妈对自己的完美要求，比如说心理疾病、身心疾病以及人际功能方面的障碍。

如果你能接纳自己的不完美，承认自己刚够 60 分，你就是放弃了对做得更好的追求，不再需要通过自己的完美来得到孩子和老公的爱，因为你完全能够自立，自己想要的可以自己给，自己可以面对自己的缺点，面对自己的不堪，不用向谁去证明什么，也觉得自己很好。而当我们好好感受时，就会发现正是这不完美的部分，让缺的 40 分有了无穷无尽的妙处。

第一，缺的这 40 分，其实也是一个我们和孩子之间的距离。温尼科特曾描述叫"母婴间隙"，而这个间隙等孩子长大之后就会改名为自由。

生命的价值在于有选择的自由，但是我们会经常忘记这一点，不让孩子做选择，忍不住替孩子选择。一个经常做选择的孩

子，他的生命力是汪洋恣意的，会有挫败，也会有成就，孩子会感受到自己的生命是丰富多彩的，最重要的是，这是自己选择走的路。但让我们试想一下，一个妈妈和孩子之间没有任何距离，那会是什么样的一种状态？

这样的孩子成年之后要么会活在妈妈的世界里，什么事都会问妈妈，听从妈妈的安排，我们称之为"妈宝男"，他以妈妈的意志为主，在他的人生当中，看不见自己的存在。这种对窒息性的关系成瘾，会导致身体通过一些症状反映出来，比如说支气管、哮喘、鼻炎，都是因为这些导致呼吸的不通畅，心灵不自由投射到呼吸系统的结果。

第二，这40分的缺口是孩子与妈妈的距离，这个距离也为其他人的介入提供一个更好的入口，比如说爸爸、老师、同伴。

当一个孩子的世界里，有更多人存在时，他的世界才是完整的，他的心灵也会变得浩瀚无边，这才是真正的完整与美好。100分的妈妈，孩子的世界只有妈妈，100分的爸爸也是如此。比如，一得爸爸陪伴一得成长期间，他把所有的爱都倾注到一得身上，用心记录孩子的成长，为了训练孩子给他很多高要求，一得8岁多，有10天被困在房子里，被一得爸爸要求必须用水和原有的食物，靠自己安排生活的一切活下来。

8岁的他去同学家玩时，还要捡破烂，要把从同学家的废品带回来卖钱，再把钱给同学家。可想而知，一得的心理有多卑微、焦虑和恐惧。可是父亲付出这么多，他不努力行吗？他不优秀行吗？一得已经被爱的名义绑架，这种令人窒息的爱，让他选

第 9 章 "做不到"的部分，也值得被你看见

择结束自己的生命，他也是在用死亡这种方式来攻击爸爸。这是弱势一方的还击，也是他潜意识深处的渴望。

第三，这 40 分的距离也可以是其他各种领域的创造力的存在。

很显然，我们很难在各个领域都做到完美，那么这些不完美就会让我们去寻找各个领域的资源，让更多的人来到孩子的生命里，让孩子体会到生命的多样性。

接受"做不到"，更要看见自己的优势

看见自己的"做不到"，更要看见自己漂亮地"做到"的部分。人生不是一道改错题，我们应该在自己的优势里活出精彩。

《中庸》开篇就是："天命之谓性，率性之谓道，修道之谓教。"什么是性？性就是我们的禀赋优势，当你了解你的"性"之后，才能真正率性地活着，把自己的优势活出来，按照自己的禀赋优势过一生才是真正的道，才是遵循天道。修道之谓教，在这条天命之路上去修炼自己，也是人生的必然之旅。如果你对自己的优势不是很清楚，那你可以问一下自己这 3 个问题。

① 我是否看到了自己擅长做的事情？

比如，你喜欢和别人沟通，各种领域工作的人，你都能顺利地找到切入点聊下去；或是你看书可以专注很久，使用的语言和句式比别人要复杂；又或是同理心很强，能够感受别人的情绪。

请你写下自己擅长做的事情:

_____

_____

② 我是否在自己身上看到了激情?

优势是可以不断被强化的,当你不断感受到优势,使用优势的时候,你会觉得很有力量,轻松而喜悦。每次演讲的时候,我内心总是充满能量,希望我的演讲对家长们有帮助,而当我结束演讲,收到很多家长的反馈时,都会感受到一阵阵暖流涌上心头。

请你写下自己有激情时的样子:

_____

_____

③ 我是否看到了我经常做的事?

想想看如果你有时间,你想做些什么?多久会参与某一项特定的活动,你通常在这些活动中感受到什么?比如,我喜欢阅读,几乎每天都会看书,只要空闲的日子,就泡在图书馆里,一本一本地翻。

那么你呢,请你写下自己经常做的事:

_____

_____

优势三要素就是优秀的表现(擅长某事)、充满激情(做某事感觉良好)、经常用到(愿意做)。也建议大家可以使用盖洛普优势识别器 2.0 来做测试,更清晰地了解自己。

第 9 章 "做不到"的部分,也值得被你看见

一开始,我也不知道写作是我的优势。因为有了孩子,我开始大量阅读,总想做点什么,成为什么,才能成为孩子的榜样。于是,自从怀孕,我每天看一本书,当我有一天读到《一岁就上常青藤》中的这样一句话时,很受冲击:"孩子今后在学校的表现,并不取决于早期的阅读能力,而取决于其词汇量的多少和丰富性。"

我愣住了,我就反复地想:究竟如何提高孩子的词汇量水平呢?语言只是表象,思维方式才是主导,如何让孩子能够独立思考?独立思考后又该如何表达让别人理解?这一连串的问题在我脑海中不停地盘旋回绕,让我对孩子语言体系有了更多的探索。这种感觉就像触碰到真实的存在,你的双手感受到潜意识深处的水流,而你想深入其中,就必须积累更多的水流,让你的表达有直击人心的力量。

我臣服于这种内心对词汇量系统的渴望,接下来就是我的优秀表现登场了。我开始展开大量的主题阅读,泡在图书馆检索系统,大量去寻找语言敏感期的资料,只要相关的,我都挑出来翻一翻。接着,激情也出现了。每看到一本喜欢的,就开始记录一点,感觉不过瘾,我就写了语言敏感期的魔力系列文章,一直写了 10 篇,写到灵感枯竭到不知道该怎么继续。整个过程,就像一个人的狂欢。我知道想法从何而来,然而灵感来自更深的地方,比我能感知到的想法更深。在我写到第 3 篇语言敏感期魔力文章的时候,有两个编辑找到了我,说要给我送书,让我写书评。

那个时候，怀孕已经 4 个月了，不停地产检和工作的应酬，以及还要看书和写书评，让我的内心发出了一个声音——事情太多了。我怕自己应付不过来，但是我听见了自己说："好啊，老师，我很乐意写书评。"虽然贪多嚼不烂，但是玩命嚼也就能咽下去了。于是，写作开始出现在我生活的很多方面，我原先只想看看育儿书的，但那段时间变成了专业写书评的人，因为写得不错，豆瓣推了热门，简书十万+，被编辑老师邀请写外版书序言，甚至与"得到"App 签约，这是我没有想到的。

这些令我深深感动和自豪的经历总是来自最让我想不到的地方，而这一发现让我惊喜，因为这些惊喜都是写作给我带来的。人生就是场丰富的体验，如果你花费大量时间在短板里提升，就很难在你的优势里面发光。

丰盛花园：打开优势开关，率性地活

当我们看到自己"做不到"的部分后，接下来该怎么做呢？和大家分享一个方法就是：打开优势开关。很多时候我们生气、沮丧、无奈时看不到自己的优势，并不代表优势不存在，我们需要想办法去发现自己的优势存在，而觉察的这一课，就像唤醒内在的力量一样。所以，我们需要在大脑里面安装一个优势开关，这样的开关就像一个断路器。当负面情绪出来的时候，我们打开优势开关的灯，提醒我们要从优势出发，去重新看待自己。

第 9 章 "做不到"的部分，也值得被你看见

《优势教养》的作者、心理学教授莉·沃特斯说："你可以把这个开关当成自己的'当头棒喝'，它让你能够立刻醒悟，在一段时间内密切关注优势，它让你重新从消极转向积极。"即使你在紧张的状态下，你也能够感受到自己的优势。这个小开关让我们对自己的注意力会有更多的选择，我们会注意到，当我们越来越关注优势的时候，能量就越来越大。

有一次，Mike 早上起床的时候，穿衣很慢。当我看着他一会儿穿穿衣服，一会儿又拼下变形汽车，我心里面就很烦躁。看了一会儿，我知道我马上就要控制不住了，我想起了优势开关，暗示自己，也说了出来让自己听见："按下优势开关。"这种语言的力量很强，我看到我自己优势的能量所在，我就从他起床的房间走出来了，走到自己的书房，盯着自己的书。

我当时想起来我的优势是认真、负责。一想到这里，我就感受到自己的情绪，慢慢地冷静下来。与此同时，婆婆走进了他的房间，督促他穿衣服，他说："今天衣服我想要自己选啊。"我的负责优势立刻让我又跑过去，带着他一起选了他的衣服。当他选好衣服之后，我依旧不看他，因为我知道再去看他穿衣服，我还会烦躁。于是，我的认真优势让我收拾我准备上班的东西，当他在我身后默默地自己把衣服穿好时，我自己的东西也收拾好了。那一刻，相当轻松。

如果你是刚开始使用优势开关的话，建议不要给自己太多的难度。给大家提个建议，从相对轻松的情况开始，比如你不会太有压力时，觉得太饿或者太疲惫，这个时候打开优势开关会很

轻松。而当你感受到自己"做不到"的部分，首先，请你接受自己的"做不到"，接纳自己的不完美；其次，请你注意自己的感受，了解自己的感受是生气、愤怒、失望、焦虑，因为这些感受都是我们的正常反应。接着大声说出"按下优势开关"，选择一种优势，找到我们身上的一种优势，帮助我们逃出困境。想想自己有什么优势可以让自己面对当下的情形，想想当下的选择是因为爱还是因为恐惧，然后让自己的每一次选择都是因为爱。最后，请你觉察你的优势力量是如何帮你走出来的，可以在心里感谢自己的优势。要知道，感激，是培养优势的神器。

第二部分
PART 2

面对关系：
父母、夫妻、亲子，都是自我觉醒与成长的修炼场

第10章

更强劲的动力来源于恐惧

> 一旦我们看清了自己的情绪反应和恐惧之间的关联,我们便可以瞥见支撑所有这些反应的那种更强大的感觉。
>
> ——《家庭的觉醒》

第 10 章　更强劲的动力来源于恐惧

● 教育孩子，往往不是因为爱，而是因为恐惧

一位初二家长雯丽曾咨询我关于孩子玩手机的问题。她跟我说，孩子老爱玩手机是她一个心病，当孩子上初一的时候，她就没有给孩子手机，孩子周一到周五是在学校，周六周日回家。

有一天，正值周末，孩子就跟爸爸妈妈说不想上学了。雯丽问他为什么不想上学，他说因为没有手机。因为没有手机，所以学校发生了什么事情，或者热点新闻，同学们在周六周日回家之后都会知道，周一来都会聊一聊，但是他什么都不知道。孩子还说因为没有手机，所以他没有朋友；因为没有朋友，所以没有社交；因为没有社交，所以他不想上学了，对学校不感兴趣。

我："你手机是怎么给他用的呢？"

雯丽："我就是害怕他对手机上瘾，没有给他手机。"

我："后来呢？"

雯丽："后来我们希望他喜欢学习，因为他说他没有手机就不想上学，我们就等他过生日的时候，把手机当作礼物送给他。"

我："他是怎么使用手机的呢？"

雯丽："周末一回家就抱着手机玩，我们一说他，他就生气，唉，我也不知道怎么管教。"

我："因为你恐惧，所以一开始你就不给孩子玩手机，而当

孩子说因为没有手机对学习不感兴趣的时候，你又因为恐惧，把手机当成礼物送给孩子。你要么就是不给孩子，要么就是给孩子自己玩，这是两个极端。可怎么使用手机，你有让孩子思考过吗？"

雯丽："我说让他写完作业再玩，但好像没有用。他不听我的。"

我："那是因为你没有把用手机和不用手机的好处和坏处全部让他知道，当他对这两个极端的信息不充分了解的时候，他就不知道用什么样的方法来玩。我们教育的目的是要调动孩子自己的智慧，而不是告诉他方法，再说你告诉他的方法，他不一定听。"

雯丽："他是不听我的，可具体该怎么做呢？"

我："回家你可以列出两列清单，一栏写上不用手机，一栏写上用手机，分别列出好处和坏处，你们俩一起来把这个清单完成，他有他的角度，你有你的看法，一起写会让你们把这件事看得更全面。"

雯丽："好的，然后呢？"

我："当他看到这两个方面的所有信息后，怎么样使用好手机，就可以让他来拿一个策略，你负责监督就好。在这个过程当中，你要充分地相信他。这种相信你要让他感受得到，而不是说因为你担心，又去念叨他。这样的方法，孔子早在2000多年前的《中庸》中就告诉我们'执其两端，用其中于民'，如何去平衡就是用大智慧，需要让孩子去思考。当他经常这样去思考，为自己拿主意做决定的时候，他才会成为一个有想法、有智慧的孩子。"

雯丽："好的，谢谢老师，我就是担心害怕，所以才这样。"

是的，如果没有恐惧，我们就不会做出应激反应，会对当下的情况做出理智的回应。这种理智的反应一般是经过深思熟虑，不会有太多的情绪在里面。而你一旦恐惧了，就会像膝跳反应一样，无意识地、情绪化地对外部情形做出习惯性反应。

这种恐惧的来源就是我们从小在家庭里获得的情绪模式。

教育孩子，我们往往不是因为爱，而是因为恐惧。我们生完孩子总是为孩子的安全、快乐、幸福担惊受怕。不是担心孩子长大了会失败，就是担心他们变成了一个不务正业的人；不是担心孩子会受伤，就是担心孩子的未来。

正因为这样，孩子出了一点小事情，或者当一些行为刺激到我们，我们会焦虑担忧，被虚伪控制。其实驱动这些情感的都是恐惧，虽然恐惧是我们自我保护的一种重要机制，可是更多时候它会使我们陷入负面情感的循环。所以我们才会对孩子着急生气，说几次不听就上火开吼，批评也好，责骂也好，心里希望孩子好，却在行为上走上了相反的道路，让孩子对自己失去信心。

向内走，看见你恐惧的核心

孩子往往是唤醒我们恐惧的最佳催化剂。通常我们都是怎么被孩子唤醒恐惧的呢？我们可以来看看我们的情绪路径。

孩子的行为：不听话。

你的反应：生气、恐吓、惩罚。

内在恐惧："我控制不了孩子""孩子以后这样就会走向歧途""感觉自己没用，说话孩子不听"。

一旦你看清了情绪反应和恐惧之间的关联，你会发现一个秘密：恐惧与你的价值观有关。恐惧有三个层次：

第一个层次：恐惧事情本身。

第二个层次：害怕面对恐惧背后的创伤。

第三个层次：恐惧时内在的投射——缺乏安全感、内在匮乏、害怕不被爱、害怕冲突、自卑。

我们这一代人大多数都在父母严格的管教下长大，不敢自由地做自己，有了孩子之后，怕孩子生病，怕孩子出意外，怕孩子学习成绩跟不上，怕老师不喜欢孩子，怕孩子长不高……这些无休止的焦虑会传递给孩子，让孩子慢慢没有自信，缺乏自我价值感。

亲爱的你，现在我们把恐惧看深一些，大胆地面对它、转化它。现在请你写下你怕在谁面前失败、难堪，也写下 10 件令你恐惧、感到自己受局限的事情，然后深究：这些恐惧从哪儿来的？

你怕在谁面前失败、难堪_____

10 件令你恐惧、感到自己受局限的事情：

① _____

② _____

第 10 章　更强劲的动力来源于恐惧

③ _____
④ _____
⑤ _____
⑥ _____
⑦ _____
⑧ _____
⑨ _____
⑩ _____

问问自己：这些恐惧从哪儿来的？

_____
_____

当我写完这 10 件事，我知道我是缺少爱和安全感的，这源于小时候爸爸妈妈忙于工作，很少管我，当需要管我的时候，又把我当成木偶一样操纵。我还记得我高三那一年，用尽全身的力量，对着妈妈大吼："我讨厌你！"当时没想别的，就是想刺伤她，果然，她被我伤到了，喃喃自语地跌坐在凳子上，不知道说了些什么。可是后来，依旧让我按照她的意志来生活，我也无力反抗，只能躲得远远的。

我常常在想为什么她活得辛苦，也让我活得这么辛苦呢？我长大以后，开始向妈妈和大姨了解妈妈过去的故事，才逐渐理解她为什么要那样控制我，原来这与她当时的成长环境、社会背景息息相关。妈妈出生在一个三线城市，家里有 7 个兄弟姐妹，她是第三个女儿。她的母亲坚韧、沉默，她的父亲觉得读书没用,人要靠自己,而不是靠读书,因为家里子女多,对子女看得很淡。

所以妈妈念完小学,外公就没让读书了,说家里穷,供不起。妈妈那个时候就开始去打工,补贴家用。贫苦加上重男轻女,学历低的妈妈没有选择,只能去上班,这造就了妈妈的干练与刚强,也让妈妈对外公心有怨恨。为了求生存,妈妈一直很努力地打拼,自己后来学手艺,开了理发店。她自尊心很强,为了省钱,家里所有的活都自己干,小到缝缝补补的手艺活,大到家里房间的改造。虽然爸爸后来赚了些钱,家里日子也还过得去,但总的来说,妈妈这辈子过得很不容易。

妈妈也一直希望能得到外公外婆的爱,但是外婆去世得早,而外公的心思根本不在妈妈身上。从来没有得到过父母的爱的她,在这份孤单里,隐藏着极大的自卑与自负。说完妈妈的故事,让我对她有了更多的理解和怜悯,也让我不再怀恨她对我的控制。

正因为这样,我也顽强地与生命中的苦难抗争,但是处在自我防卫和自我保护的状态下,生活就像一个战场,而我像是穿着铠甲的战士,不轻易妥协,也不随遇而安。以前,我不想让别人知道我的妈妈不好的地方,也不想让别人看见我不好的地方。慢慢地发现,不能接受自己的不好、不完美,才是真正的痛苦。妈妈的不完美也是一样,她是我生命中的一部分,不管完不完美,我都要接受。虽然每想一次,心里就痛一次。

第 10 章　更强劲的动力来源于恐惧

妈妈已经离开了9年，最让我难受的是在妈妈去世之后，通过不断的学习和自我觉知，我才愿意接受自己的不好，也才敢真正地面对她。在她去世的这几年间，我都是和爸爸一起去祭拜她，直到2020年，我终于在一个有阳光的日子里，鼓起勇气，一个人走进墓地，穿过一排排墓碑，找到她的墓碑，跪下来大哭一场，一边哭一边看着墓碑上妈妈的眼睛，请求她的原谅。哭完之后，感受到悲伤慢慢地流淌出去，心底滋生出温暖的力量，我感觉妈妈的眼睛一直静静地看着我，觉得妈妈温暖的目光落在我的肩上，我意识到妈妈已经原谅我了。谢谢妈妈，无论我做得怎么样，谢谢你一直都爱我！

面对悲伤，何尝不是一种深深的唤醒。美国心理学家托马斯·摩尔曾说："悲伤把你的注意力从积极的生活中转移开，聚焦于生活中最重要的事情。当你损失惨重或处于极度悲痛的时候，你会想到对你最重要的人，而不是个人的成功，是人生的深层规划，而不是令人精力涣散的小玩意以及娱乐项目。"

一场大病、一场灾难或一场意外的死亡，都会改变我们的人生态度，使我们明白什么是人生中真正重要的。恐惧，常常是在揭示着生命的真谛，你越是恐惧的地方，可能越是藏着极为重要的生命真相。学习的目的不是摆脱恐惧，而是要看见它，聆听恐惧传递的信息，相信自己有智慧、有能力来面对各种困境带来的恐惧。这样，我们才不会让恐惧成为控制我们的力量，而是从中获取更大的快乐和满足，获取更大的前行力量。

让恐惧流动，让爱分离出来

霍金斯意识能量层级表以 200 分来作为分界，200 分以上属于爱、信任、勇气的正向频率带，200 分以下属于恐惧、怀疑、愤怒的负向频率带，爱与恐惧无法并存，就像点灯的开关，你不可能同时开灯和关灯。所以，问问自己，你要用怎样的能量来活出自己的生命？你的每一次选择，是来自爱还是来自恐惧？我在课堂上每次做这样的练习，效果都很好。什么练习呢？就是每次在被强烈情绪冲击的时候，停下来，写下当时的感受和想法。

芳玲与她正上初二的孩子经常为了玩手机而争吵。芳玲晚上一推门，原以为孩子在写作业，没想到他又是在玩手机。孩子看到她进来，气得直叫："妈妈，你怎么不敲门就进来了，我一点隐私都没有。"

芳玲："你心思就在玩游戏，怎么就不多花些心思在学习上，你天天都在干吗？"

儿子："不管怎么样，我就讨厌你不敲门就进来。我现在要开始学习了，请你出去。"儿子边说边把芳玲推出了房间。

芳玲离开了房间，她知道如果再进房间，肯定又是一场大战。

每次孩子玩手机，她总觉得自己特别无力。我让芳玲把孩子玩手机后，她觉得害怕的事情写出来。她说他会视力不好，专注力不集中，上课不能专心听讲，学习成绩会差，活得没有目标。芳玲的恐惧已经远远超过她对儿子的关心，她这些恐惧就像一个

第 10 章　更强劲的动力来源于恐惧

个魔障，阻碍在她的面前，让她没有办法好好跟孩子沟通。我邀请芳玲写下对孩子所有的爱。她开始提笔写：我希望孩子能够轻松喜悦，希望他善良，能够被别人喜欢，希望他学有所成，能够对事社会有贡献，我希望所有美好的东西都给他，希望他聪明伶俐、阳光积极。

我发现她的表情逐渐放松下来，紧皱的眉毛也变得舒缓，我请芳玲现在再一次进入孩子玩手机的场景，问芳玲会怎么说。

芳玲："我会说你是不是累了，累了就休息一会儿。妈妈看你最近很辛苦，想为你做点什么。"

我："我们能看出于恐惧说出来的话和出于爱说出来的话，孩子的感受会明显不同。你因为恐惧说的话，只会让孩子焦虑，甚至冲突，而你出于爱对孩子说话，孩子会感觉到你给了他空间，给了他信任。所以，问题不出在孩子身上，他会按照他的方式活得很好。问题源自我们内心的那些焦虑被孩子唤醒了，你担心孩子会出现这样和那样的问题。"

芳玲："有的时候不自觉地那种感受就出来了。"

我："是的，有恐惧的时候，要及时保持觉察，这一点特别重要。只有你保持觉察，你才会发现自己到底现在的话是出于爱的表达，还是出于恐惧的表达。"

如果你当时很恐惧，你也可以去感受内在恐惧的流动，不用去逃避，也不用去压制，去感受它，让恐惧的情绪在你身体中流动。情绪是流动的，它既然能够流进来，就能够流出去。当你恢复平静的时候，你又能重新感受到你对孩子的爱。古希腊诗人索福克勒斯说过:"缺乏勇气的人,幸运不会站在他这一边。"勇敢地面对你的恐惧吧,因为恐惧的另一面,是自由。

● 丰盛花园:人生的五样

又来到我们的丰盛花园了,现在邀请你玩一个游戏,不要小看了游戏,游戏能帮助你深入自己的心灵之海,去探索我们意识中偏僻的岛屿。这一趟,你是船长,也是水手,你扬帆,也会沉锚。回答的时间越短越好,根据内心的直觉回答。

请拿出一张白纸,依次写下你认为最宝贵的五样东西。可以是具体的人、事物,也可以是抽象的概念,写下来就好。

当你写好的时候,请沉浸其中,看着它们,这些笔画连接起来的样子,是你内心最珍视的财富,是你生命中的挚爱,感受每一样与你生命的联结。也许今天之前,你还没有认真思考过什么对你来说最重要,或是你想要什么,但从你写完这一刻开始,你知道了什么是你维系生命的理由。

人生苦难多,你的生命出现了一些意外,你不愿意面对,但是又不得不面对。所以你将删除一样,你可以用笔涂掉它,也可以直接画掉。在这个过程中,请你细细体会这一样在你生命中真正丧失的感觉,感受丧失带来的痛苦。接下来,生命中的事情犹如洪水猛兽般袭击你,你不得不再删除一样,现在你可能猜到这个游戏的玩法了,但是请你从玩法上跳开,而是更专注地感受内

第 10 章　更强劲的动力来源于恐惧

容，更关注你眼前纸上的内容。也就是说，重要的不是规则，而是你在过程中对自我心灵的觉察和体会。

王小波说生命像一头缓慢受锤的牛。在人生过程当中你会面临一次又一次的险恶境遇，就像生命之锤一样，每锤一次，你感觉自己好像又被命运摧残了一次，哀叹"为什么是我？"可是，人生道路上，容不得你喘息，接下来又遇到险恶的挑战，这次你要继续放下生命中最宝贵的一样。你可能非常厌恶这种删除的方式，但这也是这个游戏的核心价值所在。就是你要学会放弃，生活其实就是逐渐放弃的过程。

毕淑敏在《心灵七游戏》一书当中写道："主动的放弃，如同退潮的潮水再动荡，过于平静的过程中留下突兀屹立的东西，那才是你生命中最重要的礁石。"所以，继续放下吧，你以为到了谷底，但还没有，命运的捉弄总在我们意料之外，给予我们最闷实的一击，现在的你只能留下一样，其他全部都要放弃。

这也是一种逆向思维的方式，去看见生命里什么最重要。我们已经一步步接近生命中最重要的宝藏了，最关键的部分就要横空出世。接下来，你会滑到生命中从来未见过的低谷，你必须做出你人生中最艰难、最有挑战的选择。往往到这里，课堂都非常的安静，安静到好像能听到彼此的呼吸和喘气，偶尔还会传来轻轻的抽泣声。

现在，你已经看到，你只剩下一样东西。被你涂掉的每一样虽然宝贵，但是被涂掉的顺序就是你心中划分的主次台阶。请你记住这样的顺序，这将带你看见你内心最重视的价值观。但是，幸运的是做过很多次这样的实验，没有一个人是把钱保留到最后。我们不禁在想，为什么我们在现实生活中为了金钱，忽视了很多本该关注的生命宝藏。

　　走进你的恐惧里，你会发现：生命中最重要的东西，从来都不是金钱。这些你的内在价值观，在你奋斗的时候，是你背后支持的力量，在你艰难的时候，会是你的选择，所以看清楚自己宝贵的五样东西，和它们去联结，尽情地体会它们在你生命中真实的存在，而不仅仅是在这张白纸上。埃及摩西神庙出土的石碑上刻着"当你对自己诚实时，天下就没有人能欺骗你"，所以生命中的五样就这样自然呈现在你生命的旷野上。看见它，感受它，活出它，因为知人者智，自知者明！

第11章

走出用爱控制的阴影,让自己轻松前行

> 任何时候,你都可以选择你的行为,朝向你所认为的"好"的方向。
>
> ——爱比克·泰德

不要让别人的错误，成为你一生的负担

一天在和朋友们玩财富流游戏，因为涉及金钱的收入和支出，金额比较大，我就用铅笔在纸上去计算。在来来回回地算了几次后，一个朋友说："你对数字不敏感，算都算不清楚，你需要去学习理财，学习如何经商。"

我在想，这是在提醒我什么吗？提醒我开始学习做生意吗？提醒我要对数字更敏感吗？这真是我需要做的下一步吗？

感受到这些后，我的内心还是呈现出一句话：我想专注于自己喜欢的事情。

在创业这条路上，我用了好几年的时间，走了很多弯路，也经常反思自己。别人说我不好，我就会想，我是不是真的不够好；别人说我哪里还需要在努力，我就会想，我是真的需要努力。总之，心里总会有一个内在批评者，挥之不去，弗洛伊德说的"超我"总会压制我的感觉，压制内在自己的声音，也就是"本我"。

曾经有一段时间做一个项目，我知道自己想做什么，喜欢做什么，但没有办法忠于自己的感觉，总是怀疑自己，却相信别人的声音，听别人给我的建议。我的内心没有力量，虽然足够勤奋，但是内心是空的，后来结果打脸，项目投资失败，钱也收不

第 ⑪ 章　走出用爱控制的阴影，让自己轻松前行

回来，所付出的精力和财力付之东流。

那个时候，我总反复地问自己一句话：为什么我不相信自己呢？

这种体验感让我想到了我小时候吃饭。我小时候不知道为了吃饭挨过妈妈多少次打。妈妈一看到我吃得慢，或是边吃边玩，她就用筷子刮我的嘴，揪我的耳朵，或是甩我一巴掌，常常打得我眼泪汪汪地看着她。

妈妈希望我吃得多，从幼儿园的时候开始，就给我盛两碗饭，我吃不下，她就硬塞。吃饭是别人的需要，却是我的痛苦，每次一到吃饭我头皮都发麻。有时我吃不下去，哭着说能不能不吃了，可是妈妈不听我的，说不吃不行，必须吃。有时边哭边吃，哭到吐，吐了还得继续吃，我奶奶为此跟我妈吵过很多次，不管用。我的所有亲戚，每一个人都知道我因为吃饭挨打过很多次，他们中有的也劝过妈妈，但依然不管用。

妈妈从来不管我乐不乐意，开不开心，也不管我胃口好不好，能不能吃得下，反正每餐两碗饭。慢慢地我就把饭含在嘴里，长时间不动，可是这样的结果又被骂。到了初中一样被逼着吃饭，我趁着妈妈不注意的时候，把饭偷偷倒进马桶里，然后迅速冲掉，装作自己在上厕所。

我用这样的方式来保护自己，这也是我对抗妈妈的方式。在家里妈妈的话就是圣旨，必须听，必须要按照她的要求来，我的感觉是什么，不重要。和妈妈在一起的日子里，我只有一个想法，就想逃走，想等考上大学，离她越远越好。那时，感觉自己

的内在被妈妈的意志切得粉碎，什么事我都做不了主，干也干不好，生命之流被她切到断流。

所以，很多事我都拖延，也经常逼迫自己，只要做事，内在批评者的声音就特别大，指责自己做得不好，也会觉得自己不停地浪费时间，却也无力改变现状。武志红老师说："如果你在不断要求听话的家庭长大，那你需要知道，每一次听话对你的感觉而言都是一次远离，甚至是对你的生命力之流的一次攻击，严重的时候你会有被切断的感觉，如果总是发生这种被切断的情况，你的内在感觉就很难是连续的，这时你就会在头脑和思维的世界里寻找连续的感觉。可是，你的头脑也常常塞满了父母和权威塞给你的'纸条'，你也不能很好地找到你自己的声音。"

当看到这段话的时候，我感受到内在情绪的出口突然射进来一道光，把内在的自我照得通透，眼泪刷刷留下。在我的声音不被听见、感觉不被觉知，在我不能做自己的地方，生命力就会沉睡在那里，我也一直不愿意回首过去的上学时光。而那束光让我看见自己的声音，我知道我想走的是一条与妈妈不同的道路。小时候一直被批评、被攻击，表面顺从，内心对抗，后来我才知道，对抗别人的声音的同时，也会对抗自己的声音，不断攻击自己。

但如果小时候，我们的感觉如果被接纳，我们自然会学会尊重自己的感受，也会有创造力的基础。看见即疗愈，我们不能让别人的错，成为自己一生的负担。

第 11 章 走出用爱控制的阴影，让自己轻松前行

● "读书 + 内省"，才是我们自我发展的转折点

那么，问题来了，我们该如何重建全新的自己？太阳下无新鲜事，你的未来早就在一些高手身上预演过了。让我们放眼于历史的长河中，看看曾国藩是如何处理人生中这些纠结的。作为一个普通人，他是如何面对人性的复杂，如何练就强大韧性的？

第一，受苦受辱，是生命体验的重要组成部分。

曾国藩一生中受过 5 次屈辱。考秀才的艰难，在朝廷上画稿遭人嘲笑的尴尬，比起他在长沙的受挫和屈辱来说，完全不在一个档次。咸丰二年（1852 年），曾国藩先进行政治动员，告诉大家要杀身成仁，舍生取义，还用"不要钱，不怕死"的岳飞精神激励将士，通过以身作则来训练将士。

他不仅训练自己的军队，还希望驻长沙的正规军队一起来操练。可是，在那时，官场风气败坏，大家哪能容忍曾国藩在自己的地盘上随意指挥。他这利国利军的行为差点断送了自己的命。湖南提督鲍起豹将几名驻守长沙的绿营军士兵五花大绑地捆起来，大张旗鼓地送到曾国藩公馆，同时散布曾国藩要严惩这几个人的消息，鼓动军人闹事。绿营军一传二，二传三，大家上街游行示威，要求曾国藩释放绿营兵，长沙城中大乱。

绿营军背后有鲍起豹撑腰，闯进曾国藩的公馆，连伤了他几个随从，差点连他自己都要挨刀。曾国藩夺门而逃，跑到隔壁巡抚办公室的门前，连连急叩。巡抚骆秉章其实一清二楚，但是故意装聋作哑，直到曾国藩来敲门，他才故作惊讶，出来调停。

可他怎么处理的呢？他命人把鲍起豹捆送来的那几个绿营军带过来，他亲自上前松绑，连连道歉，还说让兄弟们受委屈了，给足绿营军面子，绿营军兴高采烈地扬长而去。

巡抚骆秉章淡淡地跟曾国藩说了一句："将来打仗还要靠他们呀。"曾国藩第一次遇到真正的挫折，堂堂副部级的官员，差点让兵痞给杀了。你可能会问为什么。皇帝不发军饷，也没有给曾国藩实权，因为觉得他刚愎自用，不太喜欢曾国藩。在这样的恶劣的处境下，曾国藩睡不着觉，不眠不休好几夜，做出一个出人意料的决定："好汉打脱牙和血吞。"他认为：大家都不瞧不起我，我也不争一日长短，我去衡阳练兵，打几个胜仗，到时候你们自然会知道我的厉害。

可到达衡阳后状况更凄惨，没有办公场所，没有职权，没有经验，没有朋友来帮忙，也没有制度来保障，他什么都要自己来。创建水师，没有一个人知道怎么造船，他就自己来设计。然而他设计的战船根本打不了仗，费尽周折他才找到明白人，介绍战船的造法，又开始设立船厂，不断地去比对结构尺寸乃至每一个部件，反复实验，最终建成十营水师。

最难的还是筹备军饷。曾国藩没有资源，没有人脉，皇上又不待见。从咸丰三年（1853 年）8 月到咸丰四年（1854 年），曾国藩总共才要到 19 000 两白银，要知道这么大的军队根本无法养活。湖北巡抚杨某急公好义，主动捐军饷 2 万两银子解决了曾国藩的燃眉之急，曾国藩想要向皇上举荐，把这个人树为表率，带动大家来捐饷。可是，皇帝想着杨某为官平平，还受过处分，将

第 11 章　走出用爱控制的阴影，让自己轻松前行

曾国藩痛骂一顿，说他的要求荒谬至极，把曾国藩从二品京官降到了三品！

这真可谓是雪上加霜，在那次长沙耻辱之后，这次又被降级，重重困难中，他有没有想过放弃？有！但是他一想到那些屈辱，又鼓起了全部的斗志。历尽千辛万苦，他终于练就了一支17 000人的队伍。在咸丰四年4月，曾国藩率领的湘军不足万人，打败了3万多人的太平军军队，这是太平军兴起后，清军唯一取得的重大胜利。这件事让曾国藩充分领悟到，挫折和屈辱是最大的动力，打击是最好的帮助。

他还写信给他的儿子说，所谓好汉打脱牙和血吞，真是处逆境之良方。挫折对于曾国藩就像是深渊一样，他跳进深渊，苦练武功，打磨技能，自己就成了深渊，当他蓄积力量，再次面对挑战，就是他取得成绩的时候。打胜仗就能让他获得皇帝的重用和地方官员的支持吗？不会。至少咸丰皇帝不会。因为咸丰皇帝的精于算计和不喜欢曾国藩刚愎自用的性格，所以一直不待见他。但是，真正能够让曾国藩获得高层和官员的支持，是缘于他的一次重大的蜕变。

第二，转变，不是直线式的反败为胜，而是拓出一条新路。

咸丰一直没有给曾国藩实权，所以曾国藩调动不了当地的资源和人脉。他痛苦万分，这个时候刚好接到了父亲去世的消息。他立刻上疏奏表给皇帝，把困难表述给皇帝，奏表上除了希望皇帝能让地方官员去支持他，不然他没有办法去胜任外，还希望皇帝让他回家守孝三年。可是皇帝索性就让他回家守孝三年。这当

头一棒,差点把曾国藩打昏,他万万没有想到数年苦战竟然是这样的结果。

在极端痛苦的时候,他选择了读书。他读起了老庄,边读边向内看,开始写内省日记,像是一个闭关的和尚,把自己关在屋子里,想起带兵以来的种种情形,一遍遍地回想自己为人处世的细节。慢慢地,这让曾国藩静下心来。他反省后知道,自己之所以在官场上连连碰壁,皇帝不喜欢,是因为自己的个性、脾气、气质、风格上有很多缺陷,因为他之前和别人打交道总怀着强烈的道德优越感。

于是,他开始反省别人对他的批评。他终于认清了自身的致命弱点,就是太自傲、太急切,一味蛮干和刚强。通过内省曾国藩认识到,行事过于方刚者,表面上是强者,实际上是弱者。真正的强者是表面上看起来脆弱柔软之人。所谓大柔非柔,至刚无刚,潜规则是不可能一下子被扫荡的。所以只有必要时和光同尘,圆滑柔软,才能海纳百川,兼收并蓄,才能调动各方面力量,达到胜利的彼岸。

第三,重生的本质是心理结构的重组过程。

心理学博士陈海贤在《了不起的我》中说道:"在结束阶段,我们从原先的环境、身份和目标中脱离;在迷茫阶段,我们会跟更深更广的精神领域建立起联系;而在重生的阶段,我们获得了一种新的目标,一种新的认知结构,一种新的意义感。"曾国藩这边读书边内省的组合方式,让他可以在该软的时候柔软,该硬的时候可以团结一切的力量达到自己想要的目标。内省让他获得了重生，获得了新目标，从之前的横冲直撞到后来的圆润处世。他在官场获得了更大的重用，获得了更多人的拥戴，威望越来越高。

人生困难多，越艰难的时刻，人就越孤独。科技进化很快，而人性进化很慢很慢，最有效的方式就是穿越历史，寻找历史上有着类似孤独和困境的人。奥巴马也是如此，边读书，边内省。他曾说自己在遇到麻烦的时候，会在夜里从办公室出来，走到白宫的林肯卧室，去读那里陈列的《葛底斯堡演说》的手稿，想一想自己再难也没有内战时的林肯难。

读书和内省，往往是一个动作的两部分，读书是在不断地学习与自身不同的角度，能让自己慢下来，获得设身处地为他人着想的能力，而内省则是能够清晰地认识自己和他人，不断地吸取精华、剔除糟粕的过程。这两件事，会让我们重建新的自我，重新出发，变得更加灵活和坚韧，直到下一次转变的到来。人就是在这样艰难的转变中，变得深刻而复杂的。

● 一小步策略：听从自己的感觉，而不是别人的建议

《肖申克的救赎》我们都爱看，让全世界的观众都得到治愈和振作，就是因为我们都处在无所不在的枷锁之中，这片子讲的就是破除枷锁，穿越绝境。

主人公安迪暗中做了一件事：用一种小锤子，花了近20年，

挖通了一条通往自由之路。我们绝大多数人都生活在平静的绝望中，我们该如何走出改变的第一步呢？

这里和大家分享一小步策略：在改变的路上，迈出一小步，获得一个小小的成功，让每一次的小成功，成为下一次改变的基础。之所以不是大幅度的改变，是因为我们的大脑会抗拒大幅度的改变，这是天性使然。我们要做的只是迈出一小步，你会感觉安全且有力量。

如何走出第一步，你不是要听别人的建议，而是要听从内心的感受。心理咨询中有个常用的方式叫作奇迹问句，简单实用而且设计精巧。

曾经我的一位家长学员来访，她说自从生了第二个孩子之后，精力比较少，经常对家人发脾气，自己做一份财务工作，接下来具体怎么走，比较迷茫。下面是我们的沟通过程。

第一，奇迹发生的画面。

我："假如奇迹发生了，你的问题都解决了，你的生活会有什么不同？"

她摇摇头："不可能的。"大部分的人以前没有想过，并不代表永远不知道。通常，在短暂的思考之后，都会表达一些想法。

我："没关系啊，只是先想想看。"

她："我想我会更专注地做自己，能做自己想做的事情，心情会比较平静，也会和孩子们相处得更开心。"

说到这里，她脸上慢慢开始有光彩，也许是想起了自己喜欢做的事情。

第二，与行动连接。

我继续问："好啊，现在想一想，如果你的问题都解决了，回顾这个过程，你迈出的第一步是什么？"

她："晚上早点休息，这样我第二天就会有精力了。"

我："好啊，那你能做到吗？"

她："这个可以。"

第三，重要人物的观察。

我："谁会是第一个注意到你的改变？他会注意到什么？"

她："应该是孩子，他会觉得和妈妈在一起越来越开心，会有一种满足的幸福感。"

我："你有过这样的状态吗？"

她："我有过，但是我从来没有这样想过。"

我："你的奇迹目标是可以达到的，因为你之前曾经做到过。"

她真的去做了，每天尽量早点睡，有的时候也有例外，但大部分的情况都睡得比较早，她发现第二天处理的事情也特别多，有小小的成就感。后来，慢慢地真成了早睡的习惯，早睡给她带来了另外的财富：早起。她利用早起的时间每天写1 000字的文章，分享做财务方面的一些心得，现在不仅边读书边输出，还通过新媒体和公众号一些平台，开始拿稿酬了，她的状态也越来越好。

你可能也注意到了，设定奇迹问句目标的时候，要聚焦在会发生什么不同上,而不是关注什么不再发生。奇迹问句需要我们回答我们渴望什么,而不是不想要什么。

● 丰盛花园:滋养你的小小奇迹

现在,邀请你来到丰盛花园,感受奇迹问句,看看滋养你的小小奇迹是什么。

① 现在回答奇迹问句:

假设今晚睡觉的时候,一个奇迹发生了。当你明天早上醒来的时候,你看到自己正在做什么,在想什么,就能确认奇迹已经发生了?记住这些想法,把它们写在下面:

_____

_____

② 写下你的奇迹目标:

比如:减掉10斤、考取证书、升职加薪等。

你的奇迹目标:

_____

③ 提出自己的奇迹问句:

比如:在不久的将来,你已经实现了奇迹目标的一小部分,你觉得它会为你带来什么呢?

_____

第 11 章　走出用爱控制的阴影，让自己轻松前行

奇迹	奇迹带来什么
减掉 20 斤	我会觉得很有魅力
有了 1 000 万的时候	我就有更多的时间做自己想做的事情，等等
老公宠我	我会感觉被爱
我不再生病	我会感觉健康

你看你关注带来什么，就会增加现实和可能性，持续关注自己想要什么，而不是不想要什么，这种思考的新方式会改变你的反应。

④ 把目标变成新的行动：

根据你的奇迹目标，设定出迈出一小步的行动。

在丰盛花园里，你会得到新的角度，感受到生活是真实可变的。当你相信生活是值得的，信念就会帮助你创造奇迹。

第12章

我们为什么要结婚?

> 如果要走出"自我",走向"我们",就需要把伤害自己的权利给别人。这其实也意味着把保护自己的权利给了别人。
>
> ——陈海贤

第 **12** 章 我们为什么要结婚？

● 婚姻里的暗礁，一想就痛

为什么要结婚？说实话，这个问题一直困扰了我很久。单身时曾问过爸爸，爸爸说："如果你不结婚，你老了怎么办？你生病了谁来照顾你？少年夫妻老来伴，老来是需要有人相伴的。"显然不是，单身时，我工作小有所成，生活简单也自由，我以为我在过我的人生。结婚之后，我才真正体会到人生的滋味。

一次去一位朋友家玩，跟她就说到了婚姻的事情，她说："身边离婚的朋友真的太多了，隔壁今年6月份结的婚，现在才8月，就离婚了，连楼下的保安都在说：'你们那层是怎么回事啊？刚结婚就离婚了，门上的"囍"字还贴着呢！'"我的另一位朋友最近参加一个济南女性峰会，参加的都是职场精英人士，要不就是高管、企业家，有32位女性，其中，有18位左右，是二婚或者三婚。我朋友觉得她自己头婚，都不太好意思举手。

不禁想问：这个世界怎么了？身边一些单身妈妈带孩子自己生活，或者是一些离婚的女性朋友，她们也过得很好。每当我在婚姻里受挫的时候，我就在想：我为什么要结婚？如果一个人过得比两个人还要好，为什么要过两个人的生活？而当我去问为什么要去结婚的时候，都是我感觉在婚姻里没有希望的时候，婚姻对我来说，价值是什么？我付出的努力是为了什么？我应该如何去过我的生活？

曾经一段时间，我对婚姻失去了信心，喜欢的那个人变成我生命里的差评师，那些不甘和委屈，都曾是不可触的伤。一碰就痛，一想就悲。那段时间，我在写第一本书。因为要写作，要创业，又要照顾好孩子，所以每天只好早上5点起来专心写作。我还清楚地记得大年初一的早上，我5点起来写作，老公睡醒后看到孩子身上没有被子，对我大叫："孩子身上没有被子你看不到吗？"

我当时真没看到，一心在为写一篇文章找素材。老公越讲越气，说："天天在搞些什么东西，到底心思放在什么地方？这么冷的天，都不看下孩子有没有盖被子。"我无力反驳，的确是我没看到，但是那天是大年初一啊，我也想图个吉利，一年中的第一天早上，就被吼，心里那个委屈呀，感觉他看不见我天天起早贪黑地写作，只看到我没盖好被子。他眼里只有孩子，没有我。

像这样的小事，越积越多，有时走在路上，我就突然放声大哭。那段时间好像滑到了生命的低谷，身体不好，创业不顺，老公不疼。我努力经营着婚姻，希望两人恩爱，家庭和睦，但是很多时候，婚姻带给我的感觉是截然相反的。我们两个人生活环境不同，习惯也不同。我的确没他在细节上做得仔细，可他老是指责我、批评我，说我这做不好，那做不好，生活本身就很疲惫，再加上他的挑剔，我总在想我坚持婚姻到底有什么意义。

第 12 章　我们为什么要结婚？

● 放下对他的屏障，才能收到他的贡献

日子还得朝前过，当时的我很迷茫，四处都没有依靠，也没人依恋，只能靠自己。最终，我放下了对他的期待，不指望他来爱我了，因为越期待越痛苦，我不想反复受伤害。我大量读书、写作、上课，关注点只在自己身上，慢慢他的打击声音，对我来说好像也没那么刺耳了。这样一来，我的生存空间好像变大了起来，生命也变得开阔了起来。

我的世界里不再只有他、孩子，还有信任我的团队，有帮助我的贵人老师，有经常惦记我的亲戚，还有我想终身为之奋斗的事业。一想到我的世界里有这么多的人和事，熙熙攘攘地在我生命里穿梭，我还蛮幸福的。而我一直都没放弃婚姻的原因是，我从心底还是喜欢老公的，之前一直期待他给我爱，后来我放下了对他的期待，也放下了对他竖起的屏障，只是爱他这个人，爱他本身的存在，即使他不做什么。虽然老公那些责怪、怀疑依然会让我痛苦，但我不会像以前一样陷进去，被痛苦包裹。当我放下对他的屏障时，我能让痛苦流动了，它能流到我身体里，也能流出去。也因为生命开阔了，我才能看见他对我的好，才能接收到他对我的贡献。

他买了苹果的蓝牙耳机，出差的时候经常用，用好了就放在床头，还不准孩子碰，生怕搞掉一只。有段时间我想听音频，我的耳机又总找不到，我就问他："你耳机还在用吗？"他说："在啊，你要用吗，给你用吧。"我当时脑海中冒出很多声音"不用,给你用吧""你要给我用的话,我可能会搞丢一只""你上次的保温杯我就搞丢了",我觉察到这些"我不配"的声音,于是我说:"好啊,你用的时候我再给你。"他说:"嗯,给你用吧。"那一瞬间收获好多快乐,也觉得我心智真的变成熟了,那个内在的小女孩不断被我看见,也被我呵护,我要的快乐自己就能给自己,当他再给我快乐时,就像一直贴在墙上的"囍",有双份的快乐。

想想我们结婚的这 6 年里,我们经历了彼此亲戚的离去,他的奶奶,我的大姑、二姑……面对这些突如其来的人生变故,我们都会回老家参加亲人告别仪式。每次殡仪馆告别厅里哀乐想起的时候,我们都会紧紧地握着彼此的手,像是一种力量,深深地连接在彼此的生命里。

人生很长,我们现在 30 多岁,刚刚有了孩子不久,也许我们还没有体会到,人生在世婚姻到底有多重要。因为我们这一辈子长得超乎自己的预料,我们在这么长的时间内不遇到任何变故是不可能的。一份稳定的婚姻,一份相互理解的婚姻,一份有感情的婚姻,就像扎根很深的大树,有了多大的风暴,都不会被吹倒,因为你知道,你心里还有想见到的人,有想尽的责任,这种想法的力量,就像信仰一样。

婚姻中明面和暗面都是我们生命的一部分,我们不可能只活在明面,不活在暗面,当我们快乐的时候,当我们低谷的时候,我们都希望那个人能够刚好都在。当一切顺利的时候,你不会觉得婚姻的重要,但是当你在低谷的时候,婚姻的价值就真正体现

第 12 章 我们为什么要结婚？

出来，是否能够相互扶持走到老是婚姻价值的重要体现。婚姻的明面，活出双份的快乐，婚姻的暗面，能够相互扶持，彼此温暖，这应该是婚姻最美好的样子了。

婚姻，是自我成长的"第二座山"

戴维·布鲁克斯在《第二座山：为生命找到意义》中，认为人要爬两座山，第一座山是自我之山，我们希望自己越来越成功，越来越厉害，要实现自我获得幸福。第二座山却是关于别人的，是关于失去自我的，你为了别人，或者为了某个使命，而宁可失去自我。专注第一座山的，未必能想明白为什么要爬第二座山，但是你终将明白。

他认为结婚和使命召唤是一样的感觉，不是你的大脑想不想结婚的问题，而是你的心和灵魂绝对已经不得不结婚了，而维护婚姻也和为某个使命献身一样，是改变自我的过程。**婚姻是两人的关系与每个人的自我之间的斗争**。我们多数人的婚姻是陪伴型的，没有什么戏剧性，也没有太多激情，双方比较自由。现实是不论对方有多好，婚姻也会限制我们的个人自由，比如说固定的生活场景、照顾好孩子的日常起居和学习。不管我们做什么，我们身边总会有一个人对我们进行各种评判，婚前你可能感觉不到自己的缺点，而婚后你所有的缺点都暴露在对方的火力之下。

你以为你性格温柔可人，但其实你脾气很急，没有耐心；

你以为你爱老公爱孩子，但实际上经常会扮演受害者的角色，总是在抱怨，很少关心对方的感受。婚姻就像一面镜子，照出你所有的不堪——这就是婚姻对你的教育。怎么样在婚姻里获得幸福呢？不是要取悦对方，而是说你能够改变自己，变成更好的人。韩国人气两性作家南仁淑在《婚姻决定女人的一生》一书中说："结婚以后，你若只依靠老公对你的感情，就跟只做他的宠物没什么区别。虽然家里人会宠爱这个宠物，但是家里人不会听宠物的意见，有时家里来了客人，宠物就会被关在房间里，甚至某天主人不喜欢了，宠物就会被丢弃在街头。"在婚姻中，你要做的不止是被爱，更需要去爱，去付出，去奉献。婚姻就像一个职场，你必须为组织做出贡献，才会受到尊重。可能有人会说："他对我都这样了，我还爱吗？"这样说还是从索取的角度去爱，等待被爱，会很辛苦。

我和给大家分享两位女性的故事，一位叫张兆和。张兆和是沈从文的妻子，沈从文写了几十封情书给她，写了整整4年，她才和沈从文在一起。张兆和被沈从文这样热烈地爱着，照讲婚姻应该是很幸福了吧，被宠被爱不就是大多数女性渴望的吗，可现实是什么呢？我们来看生活里的细节感受一下，他们新婚不久，沈从文的母亲病危，他回故乡凤凰探望母亲，他在船舱里给远在北平的张兆和写信说："三三……我一个人在路上，看什么总想到你。"

他当然会想张兆和了，在这种人生脆弱的时刻，他多想张兆和能陪她一起去看望病危的母亲啊。可张兆和坚决不去沈从文的老家，直到沈从文八十几岁，才陪他回了一趟湘西。抗战爆发之

第 12 章 我们为什么要结婚？

后，沈从文随学校转战西南联大，张兆和却决定留在北京。两地分居的日子里，沈从文思念妻子，开始一次又一次地写信。一开始，沈从文在信里诉说着相思，劝说妻子带着孩子南下和他一起生活，但是，张兆和在回信中指责沈从文，说他过去生活奢侈不知节俭，弄得现在生活很狼狈。

张兆和在这段婚姻里面一直都是被爱，或是等待被爱的状态，就像个高傲的白天鹅，放不下自我，一生都不愿意走进沈从文的内心，也不让沈从文走进她的内心。沈从文后来精神出轨，张兆和赌气离开，沈从文知道自己犯了错，开始给她写道歉信，她一直不原谅，到老才又回到沈从文身边，他们就这样过了一辈子。

张兆和本来手握一手好牌，却因为沉浸在自我感受中，用受害者心态把婚姻这张牌打得无比悲凉。我们再来看看杨绛的故事。杨绛的爱人钱钟书，虽然是大学问家，但是他在处理日常生活琐事的时候却经常"拙手笨脚"，杨绛怀孕住院的时候，钱钟书有一天去照顾，结果苦着脸对杨绛说："我又做坏事了，我打翻了墨水瓶，把房东家的桌布染了。"杨绛没有生气反而安慰他："不要紧，我会洗的。""可是那是墨水呀。""墨水也能洗的。"，当钱钟书回家不小心砸了台灯，门也给弄坏了的时候，杨绛说："我会修的，不要紧。"

杨绛还说："我这一生最大的功劳就是保住了钱钟书的淘气和那一团痴气，让钱钟书的天性没有受到压迫，没有受到损伤。"杨绛没有要求钱钟书，像她一样处理好日常事务，而是不断地为钱钟书打点好生活的点点滴滴。

良好的婚姻中，两个人都必须失去一部分自我，让位给婚姻关系。婚姻关系比个人重要，这才是美满婚姻的秘密。当你愿意去付出爱、去贡献的时候，婚姻就成了你的第二座山，你在践行誓约的过程中慢慢改变自己，变成了一个更好的人，感受到内心的喜悦。

布鲁克斯认为爬第一座山的带给人的幸福感是有限度的，你的人生为什么东西而去拼搏呢？很多时候我们都会一边奋斗一边迷茫。但其实每个人都有第二座山，比如说你正在跟老公吵架时，突然你孩子闯进来了，你知道当着孩子面吵架对孩子不好，所以你就按捺住自己的情绪不说话了。这时候的你是主动愿意去选择第二座山。

第一座山，讲的是个人自由，而第二座山，讲的是责任承诺和亲密关系；第一座山，讲的是获得幸福，而第二座山，讲的是获得喜悦。幸福是变幻无常稍纵即逝的，喜悦却是深刻和持久的。幸福能让我们感到快乐，而喜悦却能改变我们。你可以为了孩子，也可以不仅仅为了孩子而忘记自我。我很喜欢布鲁克斯说的那句话，"忘记自我的那个状态是值得我们追求的"。

● 丰盛花园：8个重要问题

欢迎你来到丰盛花园，在婚姻关系里我们难免会遇到一些伤痛，读万卷书不如行万里路，行万里路不如高人指路，向高手学

第 12 章　我们为什么要结婚?

习是我在亲密关系当中经常践行的方式。我最常用的工具是克里斯多福·孟在《亲密关系》一书中提到的有效沟通的 8 个问题，他亲测有效，我也是。问完 8 个问题，感觉我的很多的冲突都迎刃而解。这 8 个问题也包括了很多大师的想法，如卡尔·荣格、恰克·史匹桑诺等。接下来，我们来聊一聊探讨这 8 个问题。

（1）我想要什么？

这是沟通当中最重要的问题。我会问自己：我是希望自己是对的，还是希望自己快乐？因为当我知道自己想要什么的时候，我就会努力得到。一旦我发现，我不再把证明自己是对的作为自己的需求的时候，我就会有转变，不再责怪他，而是想想我怎么才能得到。

（2）有没有什么误会要先澄清的？

也许是他工作太忙，压力比较大，所以才会对我比较没有耐心，而我会以为他不爱我。只有去思考到更多的信息，才会让自己不断找到解决问题的方法，比如是什么让我以为他不再关心自己。

（3）我所表达的情绪，有哪些是绝对真实的？

我表达自己的感受，描述自己的情绪，那么我说的话就是事实。但如果我说你不爱我了，这是我推测的观点，不是事实，是评判，而往往评判就会让冲突恶化。所有亲密关系的冲突都是我们自己内心的冲突。卡尔·荣格赋予"投射"这个词一个新的意义，我们看到外界在世界的每一件事，其实都是我们内心世界的真实反映。我现在不是逃避自己的感受，而是看看它们是什么，感受自己的感受，发现其中大部分是愤怒、伤心、失望、焦虑。

（4）我或我伴侣的情绪，是不是似曾相识？

慢慢地，我发现很多时候，我的愤怒是因为他不重视我，他的愤怒来自我的不理解和不接纳。这种情绪别说似曾相识了，而是频繁出现。

（5）这种情绪是怎么来的？

每次问到这里，我的感受就会好很多。看见，即疗愈。家庭是我们最开始感受情绪、构建信念的地方，爸爸妈妈和我们最开始的互动构建了我们对这个世界的看法。在婚姻里，每个人都得为自己的感受负责。我发现自己不再是之前的那个小女孩，我不再渴求他来哄我，他也有他的情绪。我已经长大，需要为自己的情绪负责任。

（6）我该怎么回应这种情绪？

每当我这样问自己的时候，我就不再对负面的情绪做出直觉的反应，而是去找到平静喜悦的处理方式，去关注那个情绪，感受它，感受它在我身体中的存在，听他想对我说什么。我知道我回应的方法只有两种，一种是爱，一种是恐惧。而我往往会选择爱，因为只有当我选择爱的时候，我才会越来越平静。

（7）情绪背后有哪些感觉？

再往里走一步，情绪背后有哪些感觉？我常会去充分感受到自己的愤怒和悲伤，我感受到它们背后其实是藏着恐惧的，感受到自己的"不存在""不被爱"的信念，我看见我的恐惧，看见那个弱小的需要保护的自己。再一次看见了这些信念，我会把它

第 12 章　我们为什么要结婚？

变成喜欢自己的信念。是的，我很棒，我是本自具足的，我不用做什么来证明自己很好，我本来就很好。

（8）我能不能用爱来回应这种感觉？

在《奇迹课程》中有一句话是这么说的："不管你要去哪里，爱都会找到你。"一旦面对自己最深沉的感觉，就可以将恐惧转化成爱意。每当我感受到自己的恐惧，看见"不被爱"的时候，我就可以平静下来，我感受到这种恐惧已经转变成一份礼物，让我明白我是有选择的。

当我选择用爱回应痛苦的时候，我会感受到内心的力量，并且当我发生转变之后，我发现关系自然变好了，有一种被关系深深滋养的感受。我也把这么好的工具分享给你，当你感觉受伤时，沿着 8 个问题的路线来看见自己，疗愈自己吧。

8 个问题：

（1）我想要什么？

_____

（2）有没有什么误会要先澄清的？

_____

（3）我所表达的情绪，有哪些是绝对真实的？

_____

（4）我或我伴侣的情绪，是不是似曾相识？

_____

（5）这种情绪是怎么来的？

_____

(6)我该怎么回应这种情绪?

_____

(7)情绪背后有哪些感觉?

_____

(8)我能不能用爱来回应这种感觉?

_____

在面对这些负面感觉时,如果能够选择爱,你就选择了比感觉更伟大的东西,而且同时也保留了自我。当然有些时候,我也没有足够的勇气,不愿意对自己的感觉负责,就是想证明自己是对的,而当我越执着,我就越痛苦。恺撒大帝曾说"我发现敌人的真面目就是我自己",在各种自我与关系的斗争中,我也慢慢发现了自己要什么。

第13章

婚姻里的困境,不是争吵,而是冷暴力

> 去爱一个喜欢你的人,没什么了不起;去爱一个爱你的人,你什么分数也得不到;去爱一个你不喜欢的人,你一定会在生命中学到一些东西;去爱一个无缘无故责备你的人,你就学到了生命的艺术。
> ——印度大师古儒吉

● 受教育层次越高，冷暴力发生频率越多

最让我们难过的，不是来自陌生人的诋毁，而是夫妻之间的冷暴力。在婚姻中，我们大都经历过冷暴力。你吵，我就冷暴力你。回避所有的目光交流，更别说拥抱和亲吻，甚至避免任何情感的联结和沟通，连说话都恨不得越少越好。对方也许会故意客套一下："你吃了吗？"你也顺口敷衍："吃了。""孩子接了吗？""接了。""孩子今天怎么样？""还行。"总之，就是减少一切能够交流的机会，就是要营造这种淡漠的氛围让对方难受，这种淡漠也是你表达愤怒和敌意的工具。

时间长了，两个人谁也不想先服软，会愤恨地想："我不想先低头，他太过分了！凭什么要我先跟你说话？实在过不下去就离婚！这世界谁离开谁还不能活？"法国临床精神学者玛丽－弗朗斯·伊里戈扬在《冷暴力》中对于这种精神虐待提出了另外一个角度，刷新了我们的认知。她说："精神分析简化这种现象的方式是把伴侣当作共犯，甚至要伴侣为自己的受虐负责。"通俗地说，就是虐对方千百遍，还让对方觉得是他自己的问题，这得多伤人呐。

往往受教育层次越高的家庭，冷暴力出现的现象就会更多，因为他们对感情和彼此的要求更为细腻，工作繁忙和疲惫又让他们懒得开口沟通，或者是对情绪的发泄没有找到合适的方式，只

第 13 章　婚姻里的困境，不是争吵，而是冷暴力

想远离，想"静静"。

于是，冷战就开始了，时间一长，频率一多，就变成故意伤害。《冷暴力》一书中提出精神虐待关系中的沟通形式有以下几种：拒绝直接沟通，拒不承认问题，伺机言语歪曲，传递不完全的矛盾信息，运用讽刺、嘲笑、轻蔑的伎俩以及否定对方人格。想必这些冷暴力的方式在婚姻中并不少见，你也肯定见过一些人很有礼貌，很热情，唯独对爱人特别没有耐心，特别粗暴，大部分是觉得所爱的人不符合自己的期待，于是就开始有了"精神虐待"。但其实我们经常会疏忽所谓的"精神虐待"，还以为是谁强势谁弱势，并用阿 Q 的心理安慰自己是"互补"。

婚姻是场苦旅，我们哪一个不是历经千辛万苦走进婚姻，我们很想"且行且珍惜"，也很想和小 S 一样，深夜痛哭后还能坚强地对别人说："我知道婚姻很难，我希望你们能撑到最后。"但是道路是自己走的，每每听到那些"你懂什么？跟你说什么也不明白""不要烦我，你爱怎样就怎样"，我们以为能够平和面对，但女性天生就容易活在情绪里，所以受伤最多的还是自己。

控制也好，冷暴力也好，你指望不了别人，你需要独自面对并找到解决方式。

● 避免掉入"糟糕盒子"，守住"滑动门时刻"

约翰·格尔曼在《爱的博弈》里面提到婚姻夫妻关系的 3 个

盒子。我们会把情绪和行为放在3个不同的盒子里，第一个是美好盒子，它装的是积极的情绪和行为，快乐、浪漫、温馨、值得纪念的时刻都在美好盒子里；第二个是糟糕盒子，它装的是所有消极行为，那些争吵、恐惧、怀疑、悲伤、失望，那些无比灰暗的日子都在糟糕盒子里；第三个是中性盒子，它装的是那些不积极也不消极的行为和情绪，比如说买菜、做饭、晒衣服、柴米油盐、寒暄问候、家长里短等日常琐碎。

怎么样能够让夫妻关系更好呢，是不是让美好的关系更多一些？戈尔曼教授告诉我们，在成熟的伴侣中，也就是45~60岁的伴侣中，幸福的伴侣发生争执时，有65%的时间处在中性盒子里面，而那些不快乐的伴侣只有47%，中性情绪才是维持幸福的婚姻关系最关键的因素，所以，那些平凡的日子里才有更多幸福。

我们都不想掉进糟糕盒子里，因为在这个盒子里面我们会出现各种各样负面的情绪。冷暴力是其中伤害我们最深的情绪之一。负面情绪产生出来的时候，人的本能反应是攻击、逃跑或者是麻木。在这种情况下，你很难有理性的行为让自己恢复平静。心理学把它称之为"隧道视觉"，就好比起火之后你只关注危险信号和逃生的通道，其他都视而不见。

夫妻两人因为成长环境不同、习惯不同，再加上生活琐碎，难免会掉进糟糕盒子。如果总是在沟通中充满矛盾，或者是争吵时长太久，我们就会回避这种压力的来源，这种对压力的回避会压倒对联结的渴望。当我们关闭了情感通道，虽然屏蔽了焦虑和悲伤，但你也屏蔽了亲密感、激情和快乐。

第 13 章　婚姻里的困境，不是争吵，而是冷暴力

往往一开始只是有一些赌气，只是想告诉对方，没有你我也可以的，最可怕的是不给对方的不同意见或负面情绪一点空间，并且会长时间持续地施加压力，要灭掉对方的不同意见与负面情绪，而让对方和自己一致，很有可能由于冷暴力次数的累积，或是冷暴力的时间变长，你心里的委屈就会变成怨恨，那时候，你需要有巨大的勇气来面对和解。

一位女性回顾她十几年的婚姻说："在这场婚姻里，没有一天我是不使劲的。开始是拼命付出，对他和他家人百般好。等关系出现危机后，又努力反省自己，改变自己。但爱，却渐行渐远。"那么，我们如何做到不陷入冷暴力的困境当中？

戈尔曼的研究当中提到一定要注意"滑动门时刻"。所谓的"滑动门时刻"，就是一方对另外一方发出了信号，这个信号可以是语言，也可以是动作，想在对方那里找到理解和支持。如果另外一方积极地面对，那么这个时候我们就会跳到平和甚至美好的盒子里，那如果错过了这个时刻，就可能会掉到糟糕盒子里，或是在糟糕盒子里长久地浸润了。

在公众号上看到一位女性说起她的父亲母亲，她的母亲经常和父亲吵架，而且父亲总是用他的沉默来抗拒，不搭理也不接受。年少的她对嘴巴像机关枪一样突突突的母亲心怀排斥和怨恨。

母亲究竟吵些什么呢？比如说，母亲给父亲钱让他去买东西，父亲东西没买够数，把偷偷攒下的钱寄给老家的爷爷奶奶；比如说，母亲早上交代父亲抽空去买煤球，结果父亲下班之后只

顾和别人下象棋,把母亲的话忘得一干二净。骂得多了,有一次她跟母亲说:"你为什么不离婚呢?"母亲听闻,脸色大变,说她是没良心的东西,还哭诉说出自己悲惨的成长史。

她感觉到母亲从来没有想过离婚,她知道母亲没有想过自己单方面发起这一场场战争,父亲不应战,所以她母亲从来不会赢。她逐渐长大,对婚姻很是恐惧,尤其不喜欢话多的人。母亲曾经对父亲说的那些话,就像植入她记忆中的某种密码,一次次从她脑袋里跳出来。她希望自己乐观积极勇敢地去爱,但真实的她,总是逃避,不愿意和任何人发生亲密联结,她弟弟也是如此。

后来,直到28岁,她选择了结婚。她认识了宋先生,有一次把宋先生带回家。母亲把她拽进厨房,强忍着一脸的嫌弃说出她这一辈子都没有办法忘的一句话:"我看他和你爸爸一个德行。"她奋力地反抗:"我爸有什么不好?他这辈子最错误的事儿就是娶了你。"那一刻她愤然离开,没有回头看母亲的脸。后来她有了孩子,随着问题的叠加,她和宋先生的关系开始恶化,她终于体会到逃避母亲的诅咒是多么困难的一件事。她产后有些抑郁,对婆媳矛盾不知所措,宋先生不会安慰妻子,也不懂宽慰自己的母亲。宋先生索性下班之后就躲到书房里,一边加班一边玩游戏。

孩子7个多月的时候,她下班回来发现孩子发烧了,量体温41℃,她一边打车抱着孩子去医院,一边给宋先生打电话。当她抱着孩子上下楼跑又输液又是抓药,带孩子再回来时,却看见宋

第 13 章　婚姻里的困境，不是争吵，而是冷暴力

先生躲在书房，一边吃着外卖，一边玩着手游。她把孩子放好，拎着他的电脑狠狠地摔在地上，说："离婚。"宋先生就像个孤独的影子一样，弯腰去捡摔烂的手提电脑，不回应她，不反抗也不理会。

她放声大哭，她想起了父亲，宋先生和父亲一样逃避一切矛盾，放弃所有反抗，害怕直面冲突，将两个人的纷争变成了一个人的抱怨。她突然明白这样的受害者才是真正的杀戮者，杀戮的不仅是爱情，还有夫妻之间本该有的流动，一个家庭正向而健康的沟通。那一刻，她才想到了母亲。以前她觉得母亲面目可憎，满腹牢骚，现在她活成了母亲的翻版，在疼痛的轮回里发现沉默也会杀人，杀人于无形之中。

她主动找到宋先生，和他沟通童年的苦楚，去和解关系。结婚 5 年之后，她终于找出了相处之道，就是可以发怒，但是谁都不许用冷暴力伤害对方。后来母亲给他打电话说，父亲被确诊为甲状腺癌。她认为这和他一贯逃避的性格有关，母亲用愤怒撕扯自己，父亲则是把所有委屈吞入腹中。母亲在父亲手术后，一个人承担起照顾父亲的重任，包括所有出入医院的治疗。那一刻，她知道母亲是离不开父亲的，虽然一直把离婚放到嘴边，但母亲从未真的想要离开父亲。

等父亲恢复健康后，她带着孩子回老家。某个凉风习习的傍晚，她问父亲："你恨我母亲吗？"父亲沉默了，一如他 60 年的沉默一样。她站起来准备进屋，父亲突然说："我对不起你母亲，我以前不应该那样对她，我……"她的泪止都止不住，不断

往下掉。正在厨房里做南瓜饼的母亲听到哭声，赶紧跑出来，对父亲大吼："你做了什么孽？"而这一次，父亲没有沉默，而是说："我给闺女道歉哩。"

虽然她的母亲还是吼父亲，但是父亲接住了她的话，解释了。那个时候，父亲就是马上把"滑动门"拉开，选择面向妻子，而以前一直是背朝妻子。正是父亲一次次的开始给母亲反馈，他们的关系越来越融洽，也影响了35岁还单身的弟弟，她的弟弟36岁宣布要结婚。而她的母亲在65岁的时候，终于等来梦寐以求的爱情。夫妻关系的冷暴力确实很难处理，但是你要觉知到沟通中的滑动门时刻，就会找到解开困境的钥匙。能处理好夫妻关系，其他的人际关系问题也就迎刃而解了。

● 拉波波特谈判法，教你建立婚姻信任

当然我们不仅需要摆脱关系中的冷暴力，更重要的是我们要加强关系的信任，信任也是婚姻当中让我们继续前行的基石。我们该如何建立起婚姻关系的信任呢？我们来分享博弈论专家安纳托尔·拉波波特的理论，他是一位非常有名的博弈论专家。

拉波波特提出来一个非常著名的谈判观点，他说，如果你不能陈述对方的观点令其满意，就不要妄想说服对方解决问题或者是达成共识，也就是说你要先把对方的观点陈述一遍，然后请对方反馈一下你的理解是不是对方的真实想法。为什么这个观点

对夫妻关系有帮助呢？因为谈判的前提都是双方都愿意真诚地参与，而不是采用撒谎、威胁等方式。那怎么样在沟通中使用拉波波特谈判法呢？《爱的艺术》作者戈特曼教授提出我们可以用家庭会议的方式。

第一步：营造氛围。

氛围对沟通的影响非常大，我们先不要一开始就直击问题，而是先要营造一个好的谈判氛围。比如说，最近你想感谢爱人的部分，或是最近孩子成长比较让大家欣喜的部分，又或是你喜欢对方的时刻，抑或是你们共同经历的一些美好回忆。这个时候你需要把美好盒子里面的东西拿出来分享，人在感受好的时候才会做得更好，接下来的沟通会更容易进行。

第二步：诉说和倾听。

这部分的关键点是要掌控非暴力沟通的方式，诉说的一方要经常用"我句式"来诉说，比如"我感到""我感觉"来谈自己的感受，少用"你句式"去指责对方。尽量去描述事实，而不要去说自己的评判或观点。比如，你可能会说："你一天到晚都在忙你自己的事情，家务活你很少干，回家老是到洗手间里关着，太自私了。"你应该怎么说呢？"每天工作完我觉得很辛苦，回到家还得带孩子学习，还要做家务，这些事情我一个人承担，我觉得非常疲惫。"接下来，我们该怎么去提要求呢？

以前你可能会说："我这么辛苦，你却老是在玩手机。我感觉有你没你都一样。这孩子难道是我一个人的吗？这家难道是我一个人的吗？你为什么就不能有一些责任感呢？"你要尝试这样说："我希望你能够去承担收衣服、洗碗的工作，这样的话我就能在这个间隙，去给孩子多读几本书。孩子马上就要上小学了，我希望给他更多的课外阅读储备。"

我们把"我感到，我希望"用在诉说中，倾听者一定不要去指责对方的品格和性格，不要说"你自私，你恶劣"。要知道在认知模式中其实会存在一种缺陷，叫"基本归因谬误"，也就是我们在解释自己的行为时，会更多地考虑情境的因素，但是在解释别人的行为时，就会更多地归因于别人的本性。

比如说，你说自己的时候，说自己会累；但是你说对方的时候，你就会说对方自私、没有责任心，在批评的时候，你会从本性出发。但人的行为往往不是由本性决定的，而是由情境决定的。当我们不熟悉别人的情境的时候，就会一下子跳到对他们本性的判断，所以我们总会觉得对方自私，没有考虑到自己。

其实人和人的本性差别是不大的，千万不要去考验人性，因为人性是经不起考验的。人性不是黑的，也不是白的，是在中间的灰色地带。所以如果你要倾听，你就要做到理解和不设防地倾听，理解的意思是站在他的情境去理解他，不设防地倾听就是不要着急为自己辩护，不要给自己找借口，先听懂了对方的意思，再去诉说自己的诉求。

第三步：复述和反馈。

当你们轮流诉说和倾听之后，就可以展开交流。在提出方案之前你们都需要把对这件事情的想法、感受和需求都说出来。接着复述一下对方的观点，直到你完全理解对方的立场。这是整

第 13 章　婚姻里的困境，不是争吵，而是冷暴力

个过程当中最难的环节。我们需要做的是不要去争辩，因为我们不可能让别人完全认同我们，但是我们需要理解对方的感受，把对他的理解说清楚，也要把自己的感受讲明白。但如果谈得不顺利，双方有一方开始有情绪怎么办？这个时候就要立刻暂停，不适合继续沟通下去，要等下次大家情绪平和了再来聊。

第四步：找到解决方案。

其实你会发现，当你的第三步能够足够支持对方，站在他的情境里为他考虑，同时也能够把自己的感受和想法说清楚，你会发现到第四步很简单，那些好的策略就会自然显现。那些原本你觉得根本解决不了的问题，经过第三步的沟通之后，会找到深层次的原因。这时，该承担承担，该道歉道歉，大家一起来探讨如何解决得更好。

● 丰盛花园：表达赞赏与感谢

我们在婚姻里要经常表达赞赏与感谢。爱不是索取，而是付出。回想一下，你曾有把爱用完过吗？当你通过语言、亲吻、触摸和某种爱意来表达你对老公的爱，你的爱会减少吗？你拥有的爱和爱的能力，会因为表达爱意而减少吗？不会，事实上如果你仔细觉察，你拥有无穷的爱，而且每次你表达爱的时候，会发现自己表达和接受爱的能力其实是只增不减的。

所以当你持续表达赞赏和感谢的时候，情况也是一样，你不

断表达和接受赞赏和感谢的能力,也会只增不减。这里面包含着三层意思:第一层是赞赏和感谢自己的存在和所做的每一件事;第二层是赞赏和感谢对方的存在以及你和他做的每一件事;第三层是赞赏和感谢来到你生命里的一切事物。一切为你而来,一切为你发生。

当你在晚上的时候睡觉前闭上眼睛,告诉自己:"我是一个非常美好的存在,本身就拥有无穷的爱,能不断给予自己和别人爱。"想想今天做的每一件事情,不管是好的坏的,都给自己感激和和赞美,想想他做的每一件事情,包括他的存在,去感激和赞美。《你值得过更好的生活》中说道:"要注意的是向自己表达赞赏和感谢的时候,说什么话并不重要,所说的话让自己产生的内在感受才是关键所在。"

当你越来越多地使用赞赏和感谢,你就会启动赞赏和感谢的无限循环。可以试着跟老公说:"老公,有你真好,我运气怎么这么好,感恩你来到我的生命里。"抱怨是我们内在匮乏感的反映,而赞赏和感谢是我们对创造的回馈。《越书写,越明白》的作者马冉冉老师就喜欢搜集在生命里所有好的回应。她说:"收集从日常生活里、书上、电影中听到的好的回应,抄写在本子上,体会,内化成你的语言,下一次就能自然流淌出来。"

来试着感受这些句子:

"不管怎样我都爱你。"

"我会陪你一起面对。"

第 13 章 婚姻里的困境,不是争吵,而是冷暴力

"你对我真的很重要。"

"你是我的骄傲。"

"你怎么能这么棒呢?你为什么生活得这么精彩呢?你怎么天天有好主意呢?"

"像你这样出色的男人,无论在什么地方,都像漆黑夜色中的萤火虫那样的发光,那样的出众。"

在婚姻里,我们的爱不只是欣赏对方的优点,也要欣赏你不喜欢和不爱的部分。如果你觉得不喜欢也不能接受,那是因为你一直在排斥,所以它们才会一再出现,我们必须学会生活的艺术:将那些不被爱的蜕变成爱。

第14章

你的反应,是孩子情绪的触发点

> 我们对孩子发脾气,是由于我们自己的痛苦经历再次浮现出来。
>
> ——沙法丽·萨巴瑞

第 14 章　你的反应，是孩子情绪的触发点

● 转移焦点，从关注孩子到关注自己

我的客户丽婷，是 5 岁男孩的妈妈，她正在为如何处理孩子早上穿衣服的情绪崩溃苦恼，她和我约了一次咨询，她说到早上孩子穿衣服，那个磨蹭劲儿，感觉不吼出来心里憋得难受。从叫醒开始，孩子一会儿翻身睡左边，一会儿躲到被子里，反正就是不睁眼想赖床。

等到他好不容易睁开眼，还得坐在床上发一会儿呆。妈妈刚开始还忍忍，知道孩子有起床气。转过身把孩子的衣服准备好一一放在床上，说："衣服自己穿啊，快一点，早上时间宝贵。"于是自己去刷牙洗脸。等自己弄好了，再去看孩子，孩子还是没有穿衣，丽婷就忍不住了，开始河东狮吼："我好好说话你不听，是吧？非要我吼起来，你才听得进去，快点儿穿衣服！"

孩子战战兢兢地开始穿衣服，一会找不到衣服的入口，一会裤子穿反了，丽婷说："我不能在他身边，我看着他慢慢吞吞的样子，我恨不得自己给他穿。"有的时候实在忍不住，对着孩子屁股啪啪打几下，早上起来就是各种闹心。她生气，孩子也生气，家里鸡飞狗跳。丽婷以为自己在控制情绪，实际上是在加深与孩子之间的隔阂。我向她指出了她忽略的最关键的部分："你忘记了去关注最重要的细节——你的想法和感受。你现在能说说

当时你脑海中怎么想的吗？你整个人是什么感受吗？"丽婷看着我，有几秒钟没说话，喃喃自语说："是啊，我只想着催他快点起床，关注点全部在他身上，完全没注意自己的想法和感受。"

其实不仅仅丽婷如此，很多家长都是这样。我们关注的焦点都在孩子行为上，而没有仔细思考行为背后的驱动力是什么。穿衣吃饭如此，学习写作业也是如此。我说："每次一谈到你儿子，你的情绪波动都特别大，你感到失望、焦急、担忧和愤怒，其实这些情绪的背后，你知道是什么吗？"丽婷摇摇头，说不知道。我说："是你的恐惧，让你有情绪的是你的恐惧，而不是你孩子的行为。"

丽婷慢慢开始明白焦点转移到自己身上的意义，细细梳理之后，她说："哎，真没想到，是我自己胆小害怕，才总是发火，怕这个怕那个，我之前总想着让孩子快一点，没想到是自己。你说得对，这个事情让我觉得他会形成拖拉的习惯，让老师印象不好，以后越来越失败，这才是我老爱发火的原因。"知道了根本原因，解决问题的方法就非常多，比如让孩子早起一会儿、训练孩子的穿衣能力、让自己看到孩子的进步，等等。

无论用哪种方式，冲突也很难完全避免。不用害怕冲突，冲突的存在是有价值的，孩子会指出我们哪些地方需要成长。问题是：那个无比让你纠结的当下，你会怎样选择呢？是回避？迁就？强迫？还是妥协？在冲突调解与公共对话专家达纳·卡斯帕森看来，以上都是无效的社交方式，只会让冲突更加激化。那么，解决冲突的核心是什么？

第 14 章　你的反应，是孩子情绪的触发点

你无法完全避免冲突，也很难改变别人在冲突中的表现，但你可以改变自己的表现，这和焦点转移到自己身上是一样的。通常，破坏性冲突之所以看起来无法避免，是因为我们的习惯反应已经根深蒂固，但其实有很多路径……

● 如果你正在让事情变得更糟，请停下来

佛家认为，厌离心是智慧的根基。意思是对无益习惯日渐增长的厌倦，终将帮助我们做出改变。我们也明白有时候发脾气让孩子觉得委屈，但是就是控制不住自己的情绪，很容易就变成情绪的奴隶，不受理性的控制。

当我们经常想到发脾气会给孩子带来伤害时，我们就会想要做出改变，这的确需要花费很大的力气。因为有时候发泄一通可以带来短暂的满足感，要放弃这样的行为就显得很困难。但是，我们可以改变我们在冲突时的表现，从小小的改变开始。首先停下来，身体上的小小行动可以是后退一步或做几个深呼吸。我喜欢的方式是向后退一步，因为每当我想发脾气的时候，向后退的身体感受会让我冷静很多，我就能更多地觉知情绪。

心理上，问自己 3 个问题：

① 我的行为和目标一致吗？
② 这种情况下，什么才是对我最重要的？
③ 我为什么会有这样的感觉？

别问自己太多，问太多了也不现实，就这3个问题，你能在当下想到，恭喜你，你的觉知能力已经很棒了！

回答完这3个问题，你就清楚行为和目标之间的因果联系，能够抓住重点，至少你实在忍不住发脾气的时候，会考虑到孩子的感受，发泄的量级就有可能从9级降到5级。

把第三个问题再回味下："我为什么会有这样的感觉？"

为什么要再次感受？是要让我们看见并接纳当下的情绪，只有认真对待我们的情绪，才不会被情绪左右。我们可以告诉孩子我们的感觉，我们选择的方式要既能传递我们的感觉，又能让孩子参与进来，从而让孩子慢慢了解你当下的状况，培养孩子的同理心。

与其这样说："你怎么老是磨磨蹭蹭，我刷牙洗脸都弄好了，你衣服还没穿好，你怎么回事啊？"不如这样说："妈妈看见你起床后没有穿衣服，在那玩玩具，感觉很生气，因为早上时间比较少，本来还想能给你读一本书的，你说现在该怎么办？"

你可以大胆地说出你的情绪，对于孩子来说，感受比需求更明显。孩子负责决策的前额皮层要等到20多岁才能完全长成，而且前额叶皮质的运行相当消耗能量，所以你理性地跟孩子分析道理，讲你的需求，孩子是听不进去的。但是，感受，孩子一秒就懂。因为负责情绪的边缘系统是哺乳动物都会拥有的，看到恐怖的东西会害怕，看到吃的东西会开心。世世代代的演化已经把情绪的编码写进了我们的边缘系统里，所以你说你的感受，孩子是能够理解的。

情绪是表,认知是本。只有你从根本上了解脑科学的构造,了解大脑对心理活动的组织规律,才能不断地对自己的行为进行改善。而当你感觉你的情绪变得糟糕时,就先按下暂停键,先停下来,感受一下自己的情绪。当你开始有觉知的时候,你才能有足够的心理空间去问自己3个问题,感受到内心的声音,开始觉醒。

觉醒的方法更多地把你拉回当下的时刻,而不是对未来的恐惧。我们必须承认,无论何时我们都是有选择的。我们可以为孩子的事情焦躁、担忧,也可以选择从现在开始换一种方式调整自己。这样与自己面对面,我们可以自我暗示:"我已经从刚才的经历中学到了经验,我缺乏方法是在过去,这是现在,我目前可以做什么来保持这一份觉悟呢?"从这样的角度来说,你不会变得暴躁,而是把冲突变成进步的机遇。

区分确认和同意,让孩子感受到被重视

孩子不仅渴望我们的认可,还希望自己因为当下的样子获得我们的尊重。具体怎么做呢?我们先回想一个场景:还记得我们在麦当劳点餐的时候,服务生都会再最后跟我们确认:"你是点一个麦辣鸡腿汉堡一杯可乐,是吗?"你点点头:"是的。"服务生说:"好的。"这就是再确认过程。

让孩子知道,你准确地接收到了他传递的信息,这很重要。

因为人在有情绪的时候会反复地阐述自己的观点，觉得对方没有认真听。孩子着急的时候会喊"妈妈，妈妈，你听我说"，潜台词是让我们听到他的声音，理解他的想法。而我们总喜欢说"知道没有？""听见了吗？""我跟你讲"，潜意识里也是觉得孩子没有认真听。

我们可以把这种确认当作互相理解的起点，然后寻找原因。确认不是同意，区分确认和同意，是将孩子的想法与我们的反应解绑的一种方法。

比如，"妈妈知道你想玩一会儿玩具再起来，是吗？"

比如，"你现在不想起来，是吗？"

比如，"你说现在还早，是吗？"

我们认真听孩子和我们说的话，很多时候，当我们全身心去关注孩子的想法，而不是把我们的想法强加到孩子身上的时候，问题也能自然而然地得以解决。当然，倾听是一种能力，不是生来就会的。专注地去倾听，重点去理解孩子这么做的原因，不要急于给出建议。如果非要给出建议，想一下你想让孩子这么做的动机，只是为了让孩子顺从你，还是为了尊重孩子的想法。

我在家长课堂上曾看到台上老师在说指令的时候，台下家长也在跟自己的孩子说着话，"赶紧听，看老师怎么做"。可问题是你自己都没有倾听老师，怎么去期待孩子能听到老师的指令呢？所以，我们想让孩子专注倾听，首先自己要专注倾听，做出榜样。

在冲突中，聆听是件很难做到的事。在对方说话时，我们

第 14 章 你的反应，是孩子情绪的触发点

总是倾向于默默演练自己要说的话，而不会认真倾听对方在说什么。其实，我们可以带着了解情况的目的问几个问题。这几个问题可以帮助我们发现冲突背后的原因是什么，也会让我们觉察是否会有一些积极的转变。

"如果我不听攻击性语言会怎样？"

"那我又能听到什么？"

提高这种转化能力会让当下的冲突变得不再那么艰难，这样我们就可以充分调用倾听能力，无论是面对孩子，还是其他人，这种练习都能为我们提供更好的机会，让我们抓住重点，而不仅仅是听对方说什么。把问题拿出来讨论，用你和孩子都能接受的措辞对问题本身进行描述，但不要描述你当前更希望看到的结果，也不要直接说出对孩子的评价。

我们要把注意力集中到孩子的需求上，这样才能更富有成效。在面对多个问题时，优先处理主要问题。

不要这样说："妈妈希望你赶紧起来，不然上学就要迟到了。"

试着这样说："现在是 7：10，我们 8 点就要出门上学，你能告诉我你现在准备干什么吗？"

冲突在亲子关系中不可避免，表面看来，孩子和我们都有自己不可动摇的立场，但他和我们一样，也同样希望被对方理解。我们不能坐等着被孩子理解，而是在冲突中改变自己的表现来建立有效亲子交流。只有在不断的练习中，孩子和我们才能不断变得强大。

● 丰盛花园：优势表扬，看见孩子本身的丰盛

原本，我们内心是中立的，却有能力去建立很多的信念，随之在心里引起很多的情绪，就像磁铁一样，把相关的情绪事件都吸引在一起。

比如，你觉得孩子分数考得低，这个念头本身可以是中性的，但是事实往往不是如此，它会常常激发你的焦虑，引发出更多这样的念头，它会让你想到"我的孩子并不会受欢迎""孩子因此而自卑"，或者是"我是一个不是称职的家长，没有管好孩子的学习"。一波一波这样的负面念头，就像一个巨大的金钟罩，让你陷在恐慌和焦虑之中，无法自拔。

尝试接纳孩子吧，接纳孩子原本的状态。接纳并不意味着消极，而是一个积极的过程。我们不是要去关注孩子比较无礼或者是反叛的行为，相反，我们需要留意孩子那些没有反叛的时刻，接着，我们放大这些好的行为，看见生活本身的丰盛。比如说，当你的孩子安静吃饭的时候，你就可以说："我喜欢你现在安静的样子，我们这样纯粹地享受彼此的陪伴，感觉真舒服，妈妈好爱好爱你。"

这个时候千万不要说"你上次因为一点小事就跟我又吵又闹"，千万不要讲类似比较的话，因为一旦你做了对比，你的话就变成一种反面说教，孩子更不爱听。所以关注生活本身的丰盛，等你关注丰盛的时候，与丰盛相关的事情，就会一件件地来到你的生命里。

第 14 章 你的反应，是孩子情绪的触发点

《家庭的觉醒》中说道："我们面临的挑战，不是试图让我们的孩子改变，而在于意识到生命有源源不断的丰盛去供我们使用，在这基础上，把我们的能量从一种匮乏的状态转变到一种丰富感的状态。"只要我们换一个角度，从相信生活中的事情只是在眼前发生，到相信它们是为我们而发生，我们要做的是积极参与，便能体会其中所蕴含的丰盛。

《安定的妈妈有力量》的作者蔡颖卿在书中写过这样一段："回房间后，我先在炉上烧一壶开水，把沏好的香茅冲泡出味道，加上蜂蜜送到女儿正在努力的书桌前。打断她们的用功时，我向两个孩子宣布，晚上要给她们煎绿胡椒酱沙朗牛排，书桌前马上扬起一阵小小的欢呼声。我在那阵喜悦的骚动里，紧紧抓住了一种安定的感觉。走到浴室，在浴缸里放满水，再丢进刚刚泡茶剩下的香茅叶，准备催促其中一个孩子从书桌前起来，伸伸腰去泡个热水澡。她们已经埋头做了好几个小时的功课，夜幕慢慢放下的时候，应该先洗去一身的疲倦，好好吃顿饭了。"在生活的细节里感受这简单、丰盛、美好，安定的妈妈才有力量，试着用心为孩子做一道美食吧。

第15章

善于把情绪变成语言的妈妈，是这样炼成的

> 我们每个人在进入亲密关系的时候，大脑皮质就不工作了。旧脑（掌管直觉反应）和新脑（掌管情绪）就开始运作，并且不自觉地退化到孩童时代，用和父母互动的方式和孩子互动，因为大脑是有惯性的，潜意识会寻找最熟悉的情感方式去应对，无论外在发生的是什么。
>
> ——芭芭拉·弗雷德里克森

第 15 章　善于把情绪变成语言的妈妈，是这样炼成的

你能感觉到的，也能被你治愈

要解决与孩子之间的冲突，就要培养大脑皮质多做工作，阻断我们自己孩子式的直觉和情感的反应模式。但很难一朝一夕就能解决冲突，如果你很擅长制造冲突，就必须不断磨炼沟通的能力。我们在被孩子惹毛后，都会试图控制自己的情绪，但感知情绪的能力是与生俱来的，这些情绪不断地让我们愤怒、伤心、害怕、自责或后悔。

我们总说接纳孩子的情绪，为什么不先接纳自己的呢？学会倾听你的情绪并来解决，而不是试图控制他们，因为越控制反弹得越厉害。我们压抑情绪，孩子是能感受到的，他们能感觉到你不开心，而且他会以为都因他而起。表达你的情绪吧！如果孩子在抱怨他不想上学，不想早点睡觉，不想吃这个菜，你也可以发你的牢骚："我不想去洗碗，不想去拖地，忙了半天又要哄你，我好累，有时当妈妈真是太难了。"

你会看到将自己压抑的情绪表达出来后真的很有用，而孩子的情绪也会大为缓解。要知道，那些怀有敌意、愤怒和叛逆的孩子通常在表达我们的愤怒。如果纵览许多创作天才的人生，你会发现他们的人生都充满了激情和强烈的情感。正是借助感情，这些伟大的艺术家、作家、音乐家才能将内心世界展现给世人欣赏。

同样，丰富美好的内在需要表达出来。通过爱的展现，你会安心地展露出更多的内在自我去创造、去冒险、去尝试新的事物。表达出来吧，可以说出来，也可以写出来。孩子表达情绪也是一样。我的朋友苗苗有一儿一女，有天兄妹俩又为不知道什么事情开始大吵，一个尖叫，一个气得开始打人，最后变成对打，苗苗只好把他们拉到房间，请他们说说不喜欢对方做哪些事，并拿出笔和本子记录，一人一句地说，于是就有了以下的记录。

妹妹不喜欢哥哥做的事：

① 打人。

② 逼着说"没关系"。

③ 不喜欢哥哥追着跑。

④ 不喜欢哥哥逼着穿衣服（哥哥说从来没有）。

⑤ 不喜欢哥哥看我光屁股。

⑥ 不喜欢哥哥逼我打篮球。

⑦ 不喜欢哥哥逼我打坏人。

哥哥不喜欢妹妹做的事：

① 不喜欢妹妹所有打人的武器。

② 妹妹逼着我说"对不起""没关系"。

③ 不喜欢妹妹不理我。

④ 不喜欢洗澡前和洗澡后，妹妹看我光屁股，还指着我说"鸡鸡"。

⑤ 不喜欢妹妹在我脏兮兮的时候靠近我，闻我。

⑥ 不要妹妹脏兮兮的还让我闻她。

苗苗问还有吗？他们都说没有了。

写完后苗苗问接下来想干什么？哥哥说："妹妹动物世界要放完了，快去看，快呀！"一溜烟都跑了，俩人又开心地看电视去了。兄妹俩能感受他们的情绪，因为他们说了自己不喜欢对方这样或那样，而且充分表达出来了，这样就能化解情绪紧张，更自由、更彻底地感受到爱。

所以，表达真实的感受就是主动索取你想要的东西，而不是假装无所谓。在刚开始，表达真实的感受并不容易，就像最开始锻炼一样。即使这样，也要表达出来，然后你会发现进一寸有一寸的欢喜。

凡是你所排斥的，就是你要学习和觉察的

而如果看着两个孩子吵架，用大吼大叫来镇压，你会发现脾气越大，教育效果越差，因为孩子根本就听不进心里去，他内心的能量都集中在应对你的脾气，战战兢兢的，即使是口头上答应了，内心里还是不服气。

所以，当你看到孩子的不完美，发现孩子的缺点或问题时，你是抓住了教育点和教育时机，还是抓住了机会发脾气？发脾气对孩子有多大的影响呢？德国经典绘本《一生气就大吼大叫的妈妈》是这样描述的：书中一只小企鹅在面对妈妈发火时吓得全身都散架飞跑了，身体的各个部分落在不同的地点，这暗示着孩子

的种种情绪变化，比如内心里充满恐惧，容易神游，也容易贪食、过量进食，缺乏安全感想要紧紧抓住某人或某物，想表达，但大人没能聆听和理解，心里很迷茫……

最后，即使妈妈开着大船来，把小企鹅那些丢掉的部分给找了回来，并把它们重新缝好连上，但孩子受过伤的心灵是无法弥补的。

你和孩子的关系也反映出你和自己的关系，也是你与自己内在不断的冲突。有情绪时，不仅要去觉察我们和孩子的关系，也要觉察我们和自己的关系。

比如说当我观察到＿＿＿＿＿＿＿＿＿＿＿＿＿＿，我感到＿＿＿＿＿＿＿＿＿＿＿＿＿＿（诸如恐惧、愤怒、失控、困惑的感受），反映了＿＿＿＿＿＿＿＿＿＿＿＿＿＿的自我。

外在困扰我们的问题，就是我们内在无法整合的部分，如果想改变外界的一切，就要从改变内在开始。如果你只想着掌控孩子，你同时也会被孩子掌控。你约束孩子，自己也会被约束。**你越恨，就越束缚；你越爱，就越自由。**我们与孩子的关系，不断反映着我们该学习的课题是什么。孩子显露出来的不完美，会显露我们的阴影是什么，他们会一再重复我们不喜欢的言行来让我们学习。

有一段时间，Mike 和我在一起时，只要磕碰到哪里，常常说："妈妈，都怪你挤到我了""都是你的错"，我当时还在想可能是因为孩子的自我中心，才会觉得一切都是别人的错。

我："怎么会怪妈妈呢，明明是你自己不小心。"

第 15 章　善于把情绪变成语言的妈妈，是这样炼成的

Mike："就是怪你，你这个坏妈妈。"

我知道孩子毕竟是孩子，也没过于纠正，但模模糊糊地觉得他说的话似曾相识。直到有一次，我们出门时，我忘带水杯了，而送他去上学时间又很紧张，我又不想重新买个水杯，决定拉着他快速回家拿水杯，一出口就是："都是你磨磨蹭蹭把时间耽误了，我忘记带水杯了，我们回去拿。"刚出口的那一瞬间，像是一面照妖镜把我照得原形毕露。原来是我的问题，我为什么要怪他，怪不得他有问题时老是怪我，这就是我的课题啊。

我赶紧说："对不起，是妈妈错了，是妈妈忘记了，我不该怪你。"那一刻，他很安静，没说什么，但我知道他听进去了。以前孩子有缺点，我常会说他。后来才明白：凡是我所排斥的，就是我要学习和觉察的。我们和孩子的关系，不断反映出我们该学习的课题是什么。孩子显露出来的不完美，会显露我们的阴影是什么，他们会一再重复我们不喜欢的言行，让我们来学习。

父母、爱人、孩子之所以会在我们身边都是有原因的，他们都是天赐的良缘，我们应该利用这个机缘好好地来蜕变自己。

● 情绪驯服师的秘密：重复情绪的五大层次

怎么在孩子有情绪时，我们利用这样的机缘来引导孩子、蜕变自己呢？我们先要了解一下情绪是有层次的，《如何在爱中修行》芭芭拉提出了五个情绪层次：

第一层，愤怒与责备。

第二层，伤心和难过。

第三层，恐惧和不安。

第四层，自责和责任感。

第五层，爱、原谅、理解和感激。

了解孩子的情绪，可不是一件容易的事。而你所有的沟通，其实都是在跟他的情绪层次沟通，情绪层次可以帮助我们阅读孩子的心情，孩子跟我们一样，都希望自己的感受被别人理解。怎么做呢？答案是重复孩子的情绪层次。

首先，重复对于孩子来说特别有魅力，孩子可以在重复中，说出我们生气时对他说的话，慢慢理解自己的感受。可以让孩子重复我们的话，我们也可以重复他的话，如果两个孩子争吵，还可以让他们互相重复。如果我们在重复时，能注意到孩子的情绪层次，说出他所有层次的情绪，这是一件很美妙的事情。

其次，重复需要从第一层开始，依次往上重复，慢慢帮孩子梳理感受。在梳理中，我们和孩子都会有收获。我们可以用下面的句子依次来问他，帮他说出每个层次的需求，当他说出后，我们再重复他的话。

第一层的情绪重复："你因为什么生气呀？"（愤怒与责备）

第二层的情绪重复："你因为什么难过？"（伤心和难过）

第三层的情绪重复："你是不是在害怕什么？"（恐惧和不安）

第四层的情绪重复："你有没有哪里感觉到很抱歉？""你希

望怎样呢？"（自责和责任感）

第五层的情绪重复："你心里对他（事）究竟是什么感觉呢？"（爱、原谅、理解和感激）

花时间了解孩子的情绪层次，就是在一层层地重复孩子的情绪，化解他的紧张情绪，让孩子在交流中感觉到被爱，他们会觉得自己很重要，感觉到你理解他、尊重他，他也会越来越信任你。孩子有需求，我们也有需求。我们会满足孩子的部分需求，但是不可能满足所有。孩子有责任满足自己的所有需求，因为需求和责任是密切相关的。如果孩子从我们这里无法满足自己的需求，他有责任另寻出路。

这样，孩子才会一直保持自我满足和自主独立，而你，也更有空间做自己。而每一层情绪层次的重复，都帮助你在觉察内在排斥的声音是什么。嘘，安静下来，去沉浸，去倾听，来自你过往的声音，去接纳和欣赏生命的种种，给你和孩子的生命带来新的可能。

● 丰盛花园：创造你的积极情绪

欢迎来到丰盛花园，马丁·塞利格曼说，要将幸福感提升到理想水平，就要关注 PERMA 五要素各个组成部分如何被激发，要思考自己可以做什么来追求目标。

P 就代表积极情绪（Positive Emotions），E 代表投入（Engagement），R 代表人际关系（Relationships），M 代表意义（Meaning），A 代表成就（Achievements）。

积极情绪：积极心理学杰出研究者芭芭拉·弗雷德里克森研究发现，当人们体验积极情绪时，比如愉悦、满足、敬畏、自豪、爱等，会发生许多有利于人类这个物种延续下去的事情，我们扩展了对自身环境的认知，对别人更好奇，这反过来有助于构建人际关系。

关键点来了！**如果我们体验到的积极情绪是消极情绪的 5 倍之多，那我们的人生将有更大的可能变得丰富多彩，积极主动，心怀使命，并且激情澎湃。**

我们的情绪也会影响孩子的情绪，所以怎么让我们更多地处在积极情绪里呢？有两种方法：要么通过行动和思考来刻意创造积极情绪和微小的积极时刻；要么就是当美好的事情发生时，让自己停下脚步，注意到它们的发生。幸福的人和不幸福的人都一样，身边都是有很多积极的事情发生，但两者的区别是，幸福的人有意识地觉知，在美好事情时发生欢迎这些时刻。

投入：当你用自己最重要的优势去投入工作的时候，你会沉浸其中。当你的技能越高，挑战越大的时候，你就会进入心流状态。

人际关系：医学博士乔治·维兰特发现，在生命的后半段，在情感上蓬勃发展的人，会与家人和朋友构建积极的关系。而

第 15 章 善于把情绪变成语言的妈妈，是这样炼成的

且，不仅要接受他人的支持，还要支持其他人。

意义：幸福的人们，不止生活得很快乐，也会积极投入生活，让世界因为自己的贡献而美好，他们的幸福也和更多人相关，这样的人生是充满着热情的。

成就：研究发现，人们是希望做事情，而不是什么都不做。最幸福的人是怎么样的呢？是每天醒来之后都致力于实现明确而艰难的目标，这些目标超越了他们舒适区，不但产生最佳的结果，而且可以带来最高水平的自尊感和自我效能感。

《坚毅》一书中提到，我们可以尝试以下方式增加我们的积极情绪：

① **运用优势**。一方面去识别优势，一方面去挑战自己，想想怎么样采取有效的方式用在工作当中。

② **表达感恩**。感恩让你的情绪永远处在丰盈的状态，你可以在每天睡前想一想你对什么事情感恩，以及为什么这件事情会在你的生活中出现。经常感恩会增强幸福感，减轻抑郁的情绪，并且结束艰难困苦的体验。

③ **写日记**。学习以新的积极的方式来叙述人生故事，而不是讲限制性的故事。你越书写，就会越了解自己，从而重新认识自己。

④ **心怀希望**。心怀希望是情绪丰盈、抗逆力强和为实现目标而奋斗的重要标志。当你的希望越大，你的积极情绪就越多，让你坚持的时间也会越长。

⑤ **锻炼身体**。运动是改善心情最自然的方式之一，体育锻

炼是让我们头脑清醒，促进血液循环，让身体变得更强壮、更健康的最佳方式。体育锻炼对大脑有强大的效应，能够减轻焦虑、抑郁和绝望感，同时提升自我效能感和幸福感。

⑥ **多帮助别人**。我们在付出时会感受到更强大的动力、热情和投入感，这种行为会创造一种良性循环。

第16章

爱,是好好练习每一次选择

> 当一个孩子的生命力被允许、被看见时,就会成为好的生命力。
>
> ——武志红

遇到不喜欢的老师，这个爸爸的选择让我敬佩

你再怎么努力，也不可能让全世界的人都喜欢你的孩子，他们总会遇到有人不喜欢自己。遇到这些不喜欢自己的人，就像默默地闻到有人放了一个屁一样，既不必抓住不放，也不必追根究底，我们像蔡康永老师说的那样面带微笑，让它自动消失就好。

可是如果这个人是你孩子的学校老师，而恰巧这个老师不是很喜欢你的孩子，那么我们该回避还是假装热情？会不会觉得怎样都在心里是个梗。看到刘建国博士在《女儿在英国上学的这几年》里的做法，让我心生敬佩。佳佳是刘博士的女儿，各科学习好，懂礼貌守规矩，诚实善良，一直是老师的宠儿。佳佳升入五年级后，班级由妮克丝老师接手班主任。

随着时间的推移，佳佳回家后变得沉默起来，爸爸妈妈都感觉到孩子在学校里过得不开心。终于有一天，佳佳抱着妈妈哭了。佳佳说妮可丝小姐不喜欢她，从来不表扬她，总是有意要打压她。比如当佳佳第一个做完作业交给妮克丝老师，期待受到表扬时，老师不但没有表扬，反而板着面孔说："你是不是昨天下午把这作业带回家了？"老师的潜在意思是，佳佳未经许可把课堂用书带回家，提前做了许多题，然后来班上显摆。

佳佳觉得受到了莫大的侮辱，简短地回答："我没有带书回

第 16 章　爱，是好好练习每一次选择

家，我是刚刚在课上做的。"妮克丝老师明知错怪了佳佳，但什么都没说。一般孩子都会把老师当作行为的榜样，但如果老师有意识地歧视、贬低、打击一个孩子，他可以轻而易举地摧毁孩子的自尊心和自信心，使孩子怀疑自己的价值，轻视自己的优点，混淆是非观念，自暴自弃。如果这件事发生在我们身上，很可能我们会去找老师谈一谈，或者跟校长沟通一下，如果老师还继续这样对待孩子，我们会考虑换班或换学校。

但是刘博士认为，如果一个孩子有独立的是非观念，对自己的优缺点有客观的估计，有能力识别由于偏宠而来的表扬和由于歧视而来的批评，从而正确地估计自己的真实价值，那么这个孩子一定出类拔萃。

不得不连连赞叹，这样的父母得有多强大的心啊！我们看看刘博士怎么做的，他分了三步走：

第一步，感性上接纳孩子的情绪，理性上帮孩子分析面临的处境。

"佳佳，妮克丝老师的行为违反了起码的职业道德，是不对的。对于像你这样学习好、总受到老师表扬的学生，一定感觉受到很大刺激，不能容忍。"他把明确的是非概念给到孩子，并根据佳佳的以往的表现说出她内心的情绪，更容易被佳佳接受。

"咱们要认识到这个老师可能有偏见，所以你在心理上要有准备，千万不能因为她的偏见把自己看扁。你是什么样的孩子，你知道，爸爸妈妈也知道，不会因为别人说你什么你就是什么样的孩子。另一方面，你也不会因为谁说你完美无缺，就真的完美无缺。你并不是没有缺点,但你是个好孩子,你是我们的好女儿。"无论孩子有怎样的缺点,都要让孩子相信爸爸妈妈是永远爱自己的,这样就给孩子强大的后盾,让他感受到内心满满的安全感,这样他就会有能力去抵御外界的攻击和侵犯,并做出正确的选择。

第二步,帮助孩子形成自己的是非观,明确什么对自己来说是最重要的。

"小孩子的是非观和道德标准是由大人给建立的,但是随着你年龄的长大,你会发现大人也会做错事,这时你就开始有了独立判断的能力。你一定要学会什么是善意的批评,什么是恶意的打击。这样批评会帮助你进步,打击不会伤害你,会让你更坚强。你随着自己长大,也要学会保护自己。"

刘博士帮助佳佳客观地分析事实,建立孩子自己的是非意识,让佳佳自己去明辨是非。接下来刘博士来了一个大招,用了"未来+身份"的方式。"像妮克丝这样的老师,长远看也并非坏事。因为我们好好学习不是为了表扬,是为了自己长本事。想透了这一点,你对妮克丝老师表扬或者不表扬就不会那么在乎,你仍然会为自己第一个做完作业而对自己满意高兴。"

不管当下或未来的发展如何,我们在遇到事情的时候,始终要告诉孩子做这件事对我们来说,最重要的是什么。明确目标,以终为始,让我们不会成为情绪的奴隶,而是学会掌控情绪,掌控自己。孩子自然知道学习是为了自己,而不是为了老师的表扬。

第 16 章　爱，是好好练习每一次选择

第三步，磨难是挑战，鼓励孩子勇敢做自己。

后来又发生类似对佳佳有偏见的事情，佳佳再向爸爸妈妈阐述的时候，她不伤心甚至连愤怒也没有了，剩下的是不理解。佳佳爸爸认为老师这样反复对孩子有偏见，是有权跟校长或当地教育局提出书面申诉的，但是在这样做之前，他征求了佳佳的意见。

"老师这样的行为，爸爸是有权跟校长或当地教育局提出书面申诉的，问题在于什么时间。佳佳你一定能感受到，这半年的不愉快对你是很大的打击，你长大了，也成熟了。不再盲目地取悦于老师，你是一个无论妮克丝老师怎样往你脸上抹灰都一样闪亮的真正的好学生，即使老师不愿意承认，但班上同学都知道。"

谁都不愿意受苦，受挫折，但有些东西只有在逆境中才能学到，我们只有经受过失败才能经得起失败。让孩子明白困境和磨难是人生给我们上的另一课。心灵作家张德芬曾说："成长的必要条件就是要经历痛苦。如果你没有经历痛苦，那你永远像一个孩子一样，你看整个世界都是从一个小孩子的角度。很多人怕受苦，就会逃避。"我们来看看佳佳爸爸是如何引导的：

"对于妮克丝老师，你要主动找她谈，跟她明确表明，你认为她对你不公平。你要告诉她你沉默文静但并非软弱可欺。"佳佳面露难色，毕竟让孩子和老师谈是个挑战。佳佳爸爸知道只要孩子有理，大人也会让步，他继续鼓励女儿："不要紧，你去谈。老师也会感觉到，你找她谈，背后肯定有家长的支持，是家

长给她面子,通过孩子客气地警告她。同时也让她知道我们对自己女儿的能力有充分的信心,所以才放心让你来处理和老师的关系。你不可能让她喜欢你,但是你会迫使她尊重你。"

让孩子自己去处理困难的人际关系,有道理有方法地给孩子信心,同样给孩子强大的支持作为后盾。无论孩子做得怎么样,后面还有爸爸妈妈的支持。这种人际关系的处理对孩子来说,的确难度等级比较高,但是不因为难度高就不让孩子去做,我们要做的是分析、鼓励,并告诉孩子能达成的结果。于是,佳佳鼓起勇气去找老师谈。从此,妮克丝老师收敛了很多,但依旧不喜欢佳佳。佳佳在学校仍然不那么愉快,但是有偏见的事情很少发生了。

后来,佳佳爸爸在学期结束的时候找到副校长海伦老师,沟通了妮克丝老师一年来对佳佳所有的不公平,海伦老师立即采取了措施,安排佳佳在全校集会上朗读她的蚂蚁项目报告,并让佳佳独奏她刚学习不久但进步神速的单簧管。这个集会邀请了所有家长参加,散会后,爸爸妈妈又看到了佳佳发自内心的笑容,跟之前的笑容不同,如今多了自信,更多了成长。

困扰我们的往往不是别人的行为,而是我们对别人行为的看法。我们在教育中应保持更理性的思维习惯,不管顺境还是逆境,鼓励孩子自己去解决,有道理有章法,在每一次的选择中,让孩子勇敢地做自己,而不是受他人影响。

第 16 章 爱，是好好练习每一次选择

教育路上，到底怎样做智慧的选择？

生命是由一个个选择组成的，在孩子教育的路上，我们究竟该如何做好选择呢？准备给孩子买学区房还是让孩子上国际学校？孩子时间有限，是给孩子上网课还是选线下好的老师一对一辅导？给孩子报夏令营还是带他去旅游？

每天，我们都会做出很多选择，这些选择，有的小，有的大。我们大部分人都会沿用美国国父本杰明·富兰克林的方法，比如说这件事情不知道该怎么选择，我们就会把这件事情的好处和坏处写出来，所有内容写完之后再去权衡两边的理由，富兰克林把这个方法叫作道德算数，那在中国传统文化当中，我们也经常说"叩其两端而执中"，提倡做到中庸。

这个方法其实是一个道德算数的问题。那有没有比这个更好的选择方法呢？希思兄弟在《决断》这本书当中分享了一个非常棒的人生决策方法，作者讲了一个故事，这个故事的主人公是普利斯特，他是位牧师，工作很稳定，年薪 100 英镑，有 8 个孩子。但是他的钱不够花，有一位大亨叫作谢尔本伯爵，他给普利斯特一份工作，说："你能不能到我家来给我的孩子当家庭教师，同时也给我当顾问，年薪开到 250 英镑。"

那我们看到这样的条件其实是有利有弊的，普利斯特没有贸然决定，他找了几个人帮自己拿主意，其中就包括本杰明·富兰克林，富兰克林给普里斯特的建议就是找张纸做利弊分析。好处就是工资高，坏处就是这个工作不知道会占用普利斯特多少时间，而且不知道普利斯特有没有时间去搞自己的研究，还有这位谢尔本伯爵是什么脾气，他们会不会以后关系处理不好。

如果按照富兰克林的方法去分析利弊的话，普利斯特大概率会拒绝这份工作。道德算数方法其实是一种被动的决策法，因为我们把所有的信息和条件都放在纸面上了，那剩下的就是一个算数的问题，而普利斯特用了更积极的决策方法。他是怎么做到的呢？首先他积极寻求更多的建议，问了自己熟悉的朋友，也问了熟悉谢尔本伯爵的人。自己的朋友劝他放弃这个工作机会，而越是了解这个谢尔本伯爵的人，就越劝他接受这份工作，他们都说谢尔本伯爵的人品很好。

<u>普利斯特没有 2 选 1，而是积极地改变选项</u>。他向谢尔本伯爵提出两项要求：第一，我能不能指定一位教师在你家教书，我仍然住在利兹，远程操控这个教师，如果你真正需要我的时候我再去伦敦；第二，如果以后我们关系弄僵了，我这个工作不能做了，你要保证每年给我 150 英镑，直到终身。普利斯特是非常有勇气提出这样的要求的，而谢尔本伯爵也答应了，于是这个工作普利斯特坚持了 7 年，这 7 年普利斯特过得自由自在，但 7 年之后两人果然分手了，而希尔本伯爵继续每年给普利斯特 150 英镑。

● **评估选项的价值，提高你的选择水平**

在这件事当中，最值得我们去学习的就是他的决策过程，希

第 16 章 爱，是好好练习每一次选择

思兄弟总结的科学决策，一共分四步，其中每一步我们都有可能犯错，克服这些错误就是成功决策的关键。

刘博士为什么能够让佳佳去面对这些问题？我们来分析一下他是如何选择的。

第一步：我们是看看自己有什么选项。

佳佳老师妮克丝不喜欢佳佳，对她的作业刁难。一般我们作为父母，要么是让孩子和老师沟通情况，要么是自己和老师反馈情况，如果反馈后，依然解决不了问题，可能会想着去给孩子调班，甚至是调校。我们分析后会发现，我们在对这件事情的选择上的选项是非常有限的。

但事实上，增加选项的好处非常明显，因为从研究发现，如果你选择 yes 或 no，那长期来看，你有 52% 的决定都是错的，如果你能增加一两个选项，那么选错的比例就下降到 32%，选项增加了，你对的可能性也增加了。而当我们在生活中不断让自己增加选项的时候，我们的选择的质量就会大大改观，而且不会再钻牛角尖。

第二步：评估每个选项的优劣。

这一步我们经常会犯错误，因为很多时候我们都会带入自己的偏见，先入为主地认为我们应该怎样。爱子心切，我们可能会认为是老师误解了孩子。但是刘博士选择的做法是：他更重视佳佳的心理建设。因为不管老师怎么对待佳佳，佳佳怎么认为自己更重要。

刘博士会理性地给佳佳分析处境，告诉佳佳，无论是谁表扬她的优点，或者批评她的缺点，佳佳都是个好孩子，都是他们的好女儿。刘博士说大人也会做错事，让佳佳必须要学会独立判断，要学会辨别什么是善意的批评，什么是恶意的打击。他帮助佳佳树立价值观，明白什么重要，什么不重要，从而培养她分析问题的能力。

第三步：从这些选项里选一个。

接下来到选择的环节了，这一步很多时候我们会被自己的短期情感去左右，但其实我们要从更长远的角度去考虑。佳佳爸爸考虑更长远的是佳佳面对挫折和明辨是非的能力。所以他从这些选项中选了让佳佳自己去跟老师去交流。他告诉佳佳：你去和在老师谈，老师会感觉到你找她谈背后肯定是有家长的支持。同时老师也会知道我们对自己的女儿有充分的信心，才放心让孩子来处理和老师之间的关系。你不可能让她喜欢你，但是你会迫使她尊重你。

第四步：是对未来的不确定性有一定的准备。

这一步我们经常会犯的错误，就是对自己过度自信，好像自己这么做了未来问题就会解决。而普利斯特就先想好了，如果以后发生变故，每年要 150 英镑，这就相当于为自己要了一份保险。所以在佳佳的案例中，当类似偏见的事情发生，佳佳爸爸告诉佳佳，他是有权利向学校或者是当地教育局提出申诉的，明确表示对佳佳做法的支持。

后来佳佳爸爸在学期结束的时候找到了副校长海伦老师沟通了这一年来所有的不公平，海伦老师采取了措施，举办了一些活动，让佳佳在学校里更有自信。

● 丰盛花园：用望远镜的视野，来看当下

做对选择不是件容易的事情。教育孩子，我们往往不是出于爱，而是因为害怕。很多时候，我们做错选择是因为我们困在了那个永恒的当下，陷在那种短暂的情感当中，走不出来。有很多复杂的情绪影响你的判断，但你要觉察到情绪往往是短暂的，过段时间再看其实根本就不重要。

真正的高手善于用远距离视角看待当下的问题，希思兄弟介绍了一个非常好的用于做选择的技术：10/10/10 法则，这个法则就是要求你从三个时间尺度去考虑一个问题：

① 10 分钟之后，你会对这个决定做何感想？

② 10 个月之后，你会做何感想？

③ 10 年之后，你又会做何感想？

举个例子，放学之后老师找到你，和你聊聊孩子这段时间学习上的表现，说孩子在课上不是很踊跃地发言，注意力不集中。如果你困在当下的情绪当中，你肯定会觉得是孩子不够主动积极，学习态度不好，想要找孩子去谈一谈上课要积极听课，我想，这是大多数家长当下大概率会做出的选择。但是我们用 10/10/10 法则来看一看。

你就会发现，这样的望远镜视野让你从长远来看，如何提高对孩子学习的兴趣更重要。我们需要找到学习上能够让孩子快乐

的那个点或那些点是什么。这时，可以了解观察孩子到底喜欢什么，优势是什么，擅长什么，怎么去激发孩子学习上的优势，而不是一味地查缺补漏；去刨根问底地探究问题的本质，而不是去找孩子聊一聊，让他上课要积极发言。

10/10/10 法则最适合克服短期情绪，当我们站在远距离考虑问题，这个时候出现的情绪如紧张、害怕、焦虑，都没有那么重要了。常用望远镜的视野，内心也会越来越平静，不焦虑，不害怕，活出爱的样子。

第17章

爱的传承，让爱从名词变成动词

> 等待也是爱的表现。再喜欢春天，也不能一口气跳过夏、秋、冬，直接迎来下一个春季。种子要经过发芽、抽枝、散叶，才能开花结果。剥开花蕾，并不能让花儿绽放。事物的发展都需要时间，沉心静气，静待花开。
>
> ——松浦弥太郎

儿子从倒数第四到全班第一，她做对了什么

我们都知道无条件的爱，但是在实践中你会发现，孩子小时候我们无条件的爱尤为明显，光是看到他肉嘟嘟的脸蛋，看到他的笑起来花一般的脸庞，我们由心底散发出来的那种母爱光辉，特别柔和。等到孩子上小学、上初中，遇到的更多的问题是学习上和行为上的问题，我们会为他上课说话不注意听讲而烦恼，会为他写作业老是需要督促而焦虑，会为叮嘱他练琴而烦躁。我们也想继续实现无条件的爱，但是现实总有那么多的障碍，让我们离无条件的爱越来越远。

我的好朋友宣慧就是如此，她的家境优越，衣食无忧，最重要的工作就是带孩子，而且一带就是十几年，最困扰她的就是儿子的成绩。儿子今年上初一，但是他从小学一年级开始，永远都是班里的倒数第一、二名。她说，这对于一个十几年在家带着孩子的母亲来说，是一件多么悲哀的事情。

于是，她带着儿子到处找方法、找名师、找补习班。儿子从小学一年级开始，就少了很多玩乐的时间，他在补习班里一坐就是几个小时，经常屁股坐得烂几个疮。有一天儿子哭着跑过来跟她说："妈妈，我再也不要去那个老师那里补课了，他抽我耳光，你如果再让我去，我就跳楼给你看。"

第 17 章 爱的传承，让爱从名词变成动词

宣慧一听懵了，举起手来，狠狠地拍了儿子两下，说："身体发肤，受之父母，你怎么能说出这么大逆不道的话来！"瞬间她坐到地上开始狠狠地抽打自己，大声哭起来，想着：这到底是为什么？我把孩子养成什么样了？我怎么能把自己的孩子送去给别人教育，送去给别人打呢？我这个妈妈太失败了。

她辛苦地陪着儿子到处找老师，儿子却想用自我伤害的方式拒绝，这种痛唤醒了她看见自己教育上的不足。就像《醒来》里所说的："如果爱不能唤醒你，那么生命就用痛苦唤醒你。如果痛苦不能唤醒你，那么生命就用更大的痛苦唤醒你。"孩子的崩溃，让她意识到对孩子的教育，不是说天天陪着他就行了，是自己要有成长，要有榜样，要给孩子方向。

从那以后，宣慧业余时间不再刷视频、逛街，而是开始大量学习、听课、读书、做公益，没想到有一天接到儿子耀榕的电话。

儿子："妈妈，你猜我数学考了多少分？"

宣慧："不知道，你考了多少？"

儿子："我考了 100 分，满分就是 100 分。"

她激动坏了，问儿子什么情况。

儿子："我自己都不敢相信，老师喊我，刘耀榕就是你，我才相信是我。"

宣慧："你为什么数学突然猛蹿，从倒数第四到全班第一，考满分，你觉得自己做对了什么？"

儿子："没有啊！"

宣慧："比如上课认真听讲？积极举手发言？作业非常用心？"

儿子："没有啊！"

宣慧："那你再回忆回忆，到底为什么这么厉害，突飞猛进？"

儿子："妈妈，你最近不是天天在种种子嘛！"

她恍然大悟，原来她读书、在朋友圈写读书心得、听课、做公益，不断播下好的种子，原本想着自己先变好起来，没想到儿子也被妈妈的状态感染，自己主动学习，也想和妈妈一样，变得更好。如果你无法获得优质的教育资源和社会背景，那么先自己读书吧，至少你可以培养起多角度的思维方式，看待世界和孩子的方式就会发生巨变。

如果坚持读书的习惯，你就会与别人拉开差距，假以时日，你就能顺利地与自己和解，与孩子和解，那些浮躁的情绪就会慢慢变得平静。《深阅读》的作者齐藤孝也曾这样说："不读书不成人，不读书的人生不叫人生。"读书是性价比最高的自我投资，我们该读什么书，让自己见众生、见天地、见自己呢？

（1）多读自传，"天才"的人生能提供很多启迪

读这些书，不是为了获得多少知识，而是看到"天才"的闪光点，你会因此被触动，想要学习好的品质，或者学习"天才"的思维方式。比如毕加索，他只要拿到笔，就会站在原地不停地画，完全忘了自身的存在。虽然我们暂时成不了毕加索，但是他的挑战精神和提高专注度的方法，让我们难以忘怀。我们不是要

去膜拜名人，而是更应该着眼于其中的本质部分，想想自己可以如何应用。

（2）阅读一流经典的书，改变看待世界的方式

王强老师也在他的文章《人生最大的捷径，就是用时间和生命阅读一流的书》里提到一流经典的书，需要涉及神学、哲学、历史、心理学、文学、科学方面。

他说真正有力量的文字，一定能够对我们的审美进行奇异的再造，在我们对"真善美"的追求上有奇异的启示，有充电的感觉。尼采也曾说过："逃到孤独里吧，任强劲的风吹吧。"这里的强劲的风就指的是一流人物的思想和精神。独自承受这种风吹，精神就能得到锻炼。

如果我们能逐渐习惯这些来自他人的伟大视角，如此一本本积累，终将在内心由其他人组成郁郁葱葱的森林，即使再遇到孩子的问题，内心也会很从容。

怎样读书？《深阅读》的观点很有深意。

（1）边读边"问"，发现问题要比解决问题更难

如果以自己的经验来思考，经验值很难提升。如果注意书中作者的提问，用括号把问题括起来。这样，我们就能弄清楚作者是以怎样的问题意识来写这本书的。随着就容易理解对话如何展开，也能预想到接下来会出现怎样的提问，甚至自己也能养成边问边思考的习惯。

这样读书，我们会把别人的经验当成自己的经验。越早开始积累读书经验，对于我们的价值就越高，和投资是一样的，今天

的 100 元永远比明天的 100 元更贵。而且，积累读书经验的速度越快，就越容易迈上下一级台阶。

（2）"输出"使书成为自身血肉，坚持输出

我们多做读书笔记，并尽量引用书中的内容，这样以后在遇到相同问题的时候，视角会变得更加灵活。每天读书之后，你可以把读过的书讲出来给孩子听，可以是你喜欢的内容，可以是有趣的情节，可以是你自己的想法，甚至可以是里面的一句话。

《父母的语言》这本书认为，父母与孩子交谈中使用的语言，也就是早期的语言环境，直接决定了孩子日后的社会表现，其中说道："在一个小时之内，高社会经济地位家庭的孩子平均听到的是单词数量是 2 000 个，贫困家庭孩子听到的只有 600 个。"而孩子早期听到的语言的多少，可以影响他最终的学习能力。当我们对词汇量有更多的输出，孩子的词汇运用也会变多，随着我们的不断输出，对他们后期的学习语言能力的提高和学业成绩的提升都非常有帮助。如果我们希望孩子能主动学习，那我们就先从读书开始吧。

● 让生命影响生命，才是最高效的教育方式

大多时候我们发火的原因都是因为孩子的学习问题，怎么让孩子高效学习呢？我们来看看学习金字塔，教授的方式记忆留存率高达 90%。而演讲就是教授的一种，当孩子通过教授的方式来

第 17 章 爱的传承，让爱从名词变成动词

学习，就会发现教别人学其实是一个高强度的自学过程，孩子会自动去补充不懂的漏洞，通过教别人，完成了一个高强度、卓有成效的学习过程。

我一直在和晋杭老师学习演讲，身边有一群学演讲的朋友，我们都是带着孩子在践行演讲打卡。我的好朋友月玲已经打卡了快 500 天，女儿兜兜就是通过演说打卡，放学后教给爸爸妈妈学到的知识，来巩固每天的学习。月玲说有一次爸爸回来得晚，兜兜还特意给爸爸打电话说，"爸爸你几点回来，8：00 就要开始我的小课堂，你别迟到了哟。"就这样坚持了一段日子，又到了学校开始模拟考、期终考试的时间了，老师这一次模拟考突然袭击，没有告诉同学们时间，就是想看看大家的学习水平，没想到兜兜在这次考试当中得了满分，而这次全班满分的一共只有3人。

是啊，像兜兜这样平时能够把学到的知识讲出来，考试也更轻松。其实，讲出来是难度很高的事情，要让对方听得懂，在分析、逻辑、解答、表达各个方面都在刻意练习。讲的同时，也是重新整理自己的逻辑思维的过程。因为你要能够逻辑自洽，还要记住很多的信息。用教的方式讲出来是一项非常不容易的训练，如果能从小学的学习就养成很好的逻辑思维，那到了中学、大学，就会觉得很容易，否则，小学只是靠背诵和记忆，到了中学接触到逻辑思维，可能就会迷迷糊糊。

也有家长会说那孩子如果不愿意去演说打卡，有什么样好的方法吗？最好的方法是榜样的力量，因为教育是生命影响生命的过程。我的好朋友刘薇也一直在践行演讲打卡，刘薇开始打卡

时，糖糖还不满3岁。每次她打卡的时候，糖糖就很想入镜，挡都挡不住那种，起初刘薇也就随她，很多时候刘薇打卡的画面都有糖糖的各种搞怪，糖糖甚至故意问话，看能不能打断刘薇的录制，而刘薇每天打卡的镜头中也给她留下了很多影像。

2020年疫情开始后，刘薇开始注重拍摄画面的质量了，从身后的背景到自己的服装甚至妆容，糖糖再出现在镜头里就很显得不合适。所以刘薇特地跟女儿说，以后都不可以在妈妈录视频的时候过来。起初肯定没用，完全不管照进不误。后来糖糖发现妈妈真的严格遵守，她一过来妈妈就不录了。糖糖知道影响了妈妈，有一段时间就不出现了。

有一天，刘薇像往常一样开始在房间打卡，糖糖走过来问："妈妈我可以和你一起打卡吗？"刘薇以为糖糖又是像以前一样想进镜头捣蛋，立即说："妈妈打卡很重要的，不能有别人在里面。"糖糖赶紧说："妈妈不是的，我是说我要跟你一样打卡，我也可以讲故事。""什么？刚3岁的她竟然想跟我一样，怎么可能？"刘薇还是当她闹着玩，吓唬道："打卡可不容易了，而且开始就不能停的哦！"

"可以呀妈妈，我可以，我可以。"糖糖蹦着跳着在妈妈身上拱来拱去，嘴里不断重复着"我可以！"看着糖糖那激动又坚定的小眼神，刘薇的内心其实是十万个不相信，坚持每天打卡这件事大人这都是很难做到，甚至是痛苦煎熬，一个小屁孩怎么可能做到！刘薇当时也只当应付糖糖便举起了手机为她录制。从那天起，刘薇开始给她录制第一段打卡视频，开启了糖糖第一天讲故事打卡，讲了多久呢？10秒，对，只有10秒，虽说跟着打卡是她自己提出的，但是真让她对着镜头开始说也没那么简单。

记得当时按开手机后她一直看着刘薇不说话，刘薇还鼓励道："糖糖可以说了。"她还是不说话，刘薇当时就想果真是小朋友随口一说，竟然还当真了，正在刘薇准备按掉手机的时候，糖糖开口了："大家好，我是糖糖，我今天……今年3岁了，我要跟妈妈一起打卡。"

就在这么短短几句话的过程中，刘薇看到她有把眼神不安地看向自己，也有紧张说错时，还有最后结尾说完一起打卡后如释重负般放下肩膀，连呼吸都是从急促到平缓的过程，短短10秒，完完全全就是我们成年人自己面对镜头紧张的模样。而让刘薇这个老母亲激动不已的是，真实感受到自己作为妈妈真的有在影响她。糖糖每天看到妈妈打卡、模仿，觉得是一件很酷的事，在刘薇300天坚持打卡的熏陶下，完全没有人教她、没有做任何排练，糖糖竟然独立完成了自我介绍。这10秒对于刘薇而言更像是一种宣告，小糖糖真的要和妈妈一样开始打卡啦！

在疫情期间，糖糖不能上学，刘薇也不能上班，她们共同用打卡朝夕相伴。从那开始刘薇每天把糖糖的讲故事视频发到内部演说群里，刘薇老公还要求主动申请加入，为的就是每天转发女儿的视频。于是，刘薇每天给晋杭老师打卡，糖糖每天给内部群里打卡，老公每天朋友圈里打卡嘚瑟，打卡成了一家三口的乐趣和一起沟通的桥梁。

金币的力量，让精神传承

那么糖糖坚持打了多久呢？大概到了第 60 天时，刘薇感觉到她好像对打卡这件事不是那么有兴趣了，可能是过了新鲜期吧。反正自己对她能坚持这件事一直就没有任何期待，也看到朋友圈里太多朋友的孩子打着打着就消失了，她要不打了刘薇也觉得是正常。

直到有一天晚上，她突然问了妈妈一句："妈妈，是不是你也不打卡了？""没有啊，我在打啊！""我没有看到啊。"当这句话说出来后，刘薇终于知道她不打卡的原因了，复工后刘薇的工作越来越忙，最近都是在公司完成打卡，没有被她看到，而她以为这件事妈妈没有在做了，她的兴趣和坚持原来都来源于妈妈在做这件事。在那一时刻刘薇深深地体会到那句话：父母是孩子最好的榜样！

刘薇立即调整了打卡时间，尽量在糖糖能看到的时候录制视频，总之让她继续感受这件事是妈妈一直在做的重要事件。从那以后刘薇听到最多的问话就是：妈妈第几天啦？妈妈我什么时候超过你？就这样刘薇从 300 天来到 400 天，糖糖也即将完成她的 100 天。

那段时间，刘薇一直在想：3 岁的糖糖如果能完成 100 天，太了不起了，要给她怎样的仪式感呢？是定制一个她最喜欢的 Elsa 公主蛋糕？还是买一个大玩具？或者一家三口出去大玩一场？100 天如约而至，刘薇开始思考糖糖打卡这件事的意义，如何能让她感受到这个意义呢？刘薇想到了自己打卡的故事，于是拿出晋杭老师颁给她的第一枚100天金币送给了糖糖。

"妈妈这是什么？"

"这是收藏你故事的金币盒，每到100天，你的故事都会钻进一枚金币里。妈妈就会送给你，宝贝你可以把盒子里的空位都装满吗？"

"肯定可以呀。"看到她发光发亮的眼神，刘薇在想，自己打卡1 000天最大的意义，已经不光是自己的成长，而是带着自己的孩子一起成长了。

糖糖迎来了坚持打卡的300天，当刘薇把这沉甸甸第三枚金币交给她时，她激动无比，还是问了那句同样的话："妈妈我超过你了吗？"

刘薇也会在生活中建立很多和演讲相关的仪式感，给坚持每天讲个小故事的糖糖。

糖糖打卡100天：刘薇把她的故事写下来，在未来演说家舞台上呈现，为女儿种下一颗演说家的种子；

糖糖打卡200天：带着她、带着书去找晋杭老师签书，种下一颗作家的种子；

糖糖打卡300天：带她去听晋杭老师讲课，种下一颗讲师的种子；

糖糖打卡400天：和去参加提琴比赛的小伙伴们一起吃蛋糕，种下一颗分享的种子。

而每次刘薇登台演讲，都邀请糖糖来见证，想要告诉她成长不是一蹴而就的。当到刘薇第五次登台演讲，糖糖说："妈妈，你比上一次好一点。"因为糖糖在演讲打卡上的进步，刘薇决定带着自己的艺中艺术团队一起践行打卡，团队的老师们在开启演讲打卡之后，又带着自己班的孩子们在演讲打卡。

爱，就是这样一点一点传承，因为自己的变好，孩子也变好了，影响着更多人越来越好。有了好的方法和行动，我们才能把爱从名词变成动词。

晋杭老师说当我们演讲打卡 1 000 天有了更多的收获后，可以带领身边一个人打卡，我很庆幸早早地带着身边的孩子们打卡，其中 Mike 演讲打卡快 200 天了。一天早上，我对他说："你要打卡到 1 000 天，集齐 10 枚金币，我就带你去深圳，参加一场 1 000 天的演说家盛会，你会见到妈妈的老师，还有各种优秀的妈妈和孩子。"他眼里闪着小星星说："妈妈，太好了。"接着我收拾收拾，准备上班，他忽然又来了一句："妈妈，我觉得学习真是一件快乐的事情。"顿时觉得孩子像天使一般的存在。很感恩老师让我感受到什么是传承，也找到了方法来传承。

● 丰盛花园：不是榜样也没关系，接纳面具后的人格

我们希望孩子变得更好，我们也努力成为孩子的榜样，但是并不是每个家长都能做到，都能有时间、有精力、有资源去支持到自己，那么如果做不到，就不是优秀父母了吗？显然不是。我

第 17 章 爱的传承，让爱从名词变成动词

们的角色是妈妈之前，最重要的是自己。在任何情况下，你都有选择的权利。心理学大师荣格在《潜意识心理学》中提出，自我当中被隐藏、被压抑在潜意识内未能充分发挥的人格面，我们称之为负人格，也称"影子人格"。

武志红老师曾说："人格与负人格，是 A 与 -A 的关系。" A 与 -A 相伴相生，当你在 A 中表现得越极端，就越容易被 -A 那面影响、被 -A 特质的人吸引。为了追寻人格完整，你会在潜意识中靠近那些跟正人格截然相反的部分。荣格认为，自性追求完整的动力，胜于追求幸福的动力。也就是说，这个追寻人格完整的力量之强，会超出了你的想象。我们外在的显性人格，是人格的 A 面，而隐性人格成为人格的 -A 面。

比如说你往往会发现你越想做得更好，你的潜意识却总被焦虑所吸引，这就会引来内心的很多的矛盾冲突，甚至分裂。所以我希望和你一起探索这样的冲突，寻找人格的圆满路径，等你真正开始去认识到自我的时候，能接纳自我、接纳你的 A 面和 -A 面，你的人生才越真实，越饱满，越绽放。

我们之前所说的成为孩子的榜样，用生命去影响生命，这样光芒四射地彰显人格当中的 A 面，是能量人格。我的 A 面也是能量人格，总是努力去证明着"我能行，我要做好"，这种信念会决定我的感受、思考还有行动。回顾我人生的近 10 年，其实是一个在不断变好的过程，像一个开拓者，相信自己通过努力就可以实现。

也因为如此，我的写作和演讲让我获得了更多的能量。对

于我自己认定的事情，哪怕前途坎坷，我也会不断地激励自己，鞭笞自己，告诉自己不能放弃。你说我从来没有想过放弃吗？想过，可是我不敢。不敢放弃，是因为放弃了，我怕自己瞧不起自己。

是的，我的-A面是无能人格，我经常会怀疑自己是否有能力把事情做好。有的时候心里觉得自己什么都做不好，有深深的自卑感，感觉自我效能低下。我经常觉察到我有一种无意识的放弃欲望，想要逃避。在创业的路上，想实在不行我就去上班吧，太难了，觉得自己做不好，各方面不如别人。怕自己做不好，怕自己会失败，越是想要逃避，我的无能感越强，在这种恶性循环里我很敏感，爱哭，脆弱。

有一次在给晋杭老师写反馈时，我是这样写的："行路难，行路难，多歧路，今安在？长风破浪会有时，究竟是什么时候，怎么才能直挂云帆济沧海？"我迫切想知道难路上的苦闷和焦虑、挫折和低谷、疲惫和迷茫，该怎么度过。老师说："改变对它们的诠释，你走过的路，即使是那些失败的路，都不会背叛你，它们有它们的价值和意义，是为了唤醒我们更真实的存在。"

我知道我得向前走，但是真的很不容易。不容易的我，看什么都觉得不容易。我渴望突破内心的恐惧，所以努力在大部分的时候都很有能量，积极行动，因为这样会让我觉得我对生命是有掌控感的，那种无能的意识会被我压在内心里。

可哪里有压迫，哪里就有反抗，我越是压抑，这种无能人格

第 17 章 爱的传承，让爱从名词变成动词

会越强硬。正如心理学家弗洛伊德所说，但凡被压抑的，都会以更丑陋的方式卷土重来。所以能量人格是我的面具，藏在我的面具之后的，是我的无能人格。

这股能量来源于我的少年时期，我的父母对我的过度管教，生活上很多事情，替我做决定，我长大之后，想想自己再面临困境，总是想要有人能帮助我。所以我会在准时和拖延中挣扎，时而准时，常常迟到；我会在控制和放纵中挣扎，减肥计划有时做得很好，常常失败，一写作就能胖四五斤；我会在积极和消极中挣扎，我时常盯着目标努力前行，一个人安静的时候经常迷茫和颓废。

我们该怎么办呢？心理学建议我们拥抱完整的人格。

第一，接纳自己，把时间浪费在美好的事情上。

这种美好是你自己认为有意义的地方，找到自己喜欢的事情。不要被别人的声音带跑。在事情当中选择优先级，挑选最关键的事情。在人、事、物当中不断地做减法，减少不必要的社交，不用要求什么事情都做得很完美。

第二，不断地去看见自己的价值观，围绕着自己的需求，重新看待如何保持能量感。

运用内心的自我对话这样的工具是非常重要的，经常和自己聊聊，你会发现自己想要的其实没有那么多，所以建议每天晚上花 15 分钟和半个小时和自己独处，和自己聊聊天，问问自己真正想要的是什么，喜欢什么，真正的追求的是什么。

这些问题想得越清楚，我们就越能够在生活中找到答案，找

到给自己赋能的方式。接下来，我想邀请大家找到 10 个描绘你自己的形容词，和它们的反义词。这就是 A 与 -A。你把这些形容词写成一列，再把反义词写成另一列。

然后对自己说：我可以 A，也可以 -A，我可以同时拥有 A 和 -A。

比如，我可以积极，也可以消极，我可以同时拥有积极和消极。更好的方式是，找两个人帮助你，他们分别在你左侧和右侧。一个人对你说："你可以 A。"另一个人则说："你也可以 -A。"然后他们同时说："你可以同时拥有 A 和 -A。"

当你真正做这个练习时，听到"你可以同时拥有 A 和 -A"时，可能会控制不住地流泪。

① 我可以　　　，也可以　　　，我可以同时拥有　　　和　　　。
② 我可以　　　，也可以　　　，我可以同时拥有　　　和　　　。
③ 我可以　　　，也可以　　　，我可以同时拥有　　　和　　　。
④ 我可以　　　，也可以　　　，我可以同时拥有　　　和　　　。
⑤ 我可以　　　，也可以　　　，我可以同时拥有　　　和　　　。
⑥ 我可以　　　，也可以　　　，我可以同时拥有　　　和　　　。
⑦ 我可以　　　，也可以　　　，我可以同时拥有　　　和　　　。
⑧ 我可以　　　，也可以　　　，我可以同时拥有　　　和　　　。
⑨ 我可以　　　，也可以　　　，我可以同时拥有　　　和　　　。
⑩ 我可以　　　，也可以　　　，我可以同时拥有　　　和　　　。

当你只呈现 A 的一面时，你要深入内心，才能看到你的 -A，才能拥抱人格中的对立面。

第 17 章 爱的传承,让爱从名词变成动词

最后,分享一首鲁米的诗给你:

有一片田野,
它位于是非对错的界域之外。
我在那里等你。
当灵魂躺卧在那片青草地上时,
世界的丰盛,远超出能言的范围。
观念、言语,甚至像"你我"这样的语句,
都变得毫无意义可言。

第18章

爱的能力：从混乱走向平静

> 不要害怕，走进自己的内心，在絮叨之下埋藏着金矿，安心，沉着，坚定，平静。它们的外层，需要一层一层地剥去，首先是羞耻，其次是自卑，最后是恐惧。当你接近无物时，便知正道已近。当你到达真我最深刻之处，你便知晓真实与自由。告别恐惧，你变得更加强大和坚定，预备好迎接孩子的心灵，没有负担，无拘无束，自由翱翔。
>
> ——《家庭的觉醒》

第 18 章 爱的能力：从混乱走向平静

● 开启静默的力量，让爱从生命里觉醒

在《心灵奇旅》这部电影中，让我印象深刻的是那片飘然而至的叶子。匆匆忙忙的 Joe，经历了疲倦的一天，坐在街头，静静看着天空中飘下的叶子，那一刻，感到满足与幸福。那种静默的力量让他觉察到生命的火花并不是目标，而是投入每一刻的意义。

意义存在于瞬息中，这是一个发现的过程，而不是最后的目的地。维克多·弗兰克尔在他的书《活出生命的意义》中回忆了他在集中营幸存下来的经历。他一次又一次从中学到，意义在瞬息中，可以每一小时改变，每一秒钟改变，所以结果的声音不重要，重要的每一个人在特定的时刻的具体生命意义。

在电影《心灵奇旅》那些体悟的时刻：聆听爱的颂歌，见证一个母亲对儿子的爱，还有叶子落下缓慢落下稍纵即逝的瞬间，这些时刻不是对每一个人都有意义，但是给某一个个体带来了特殊的感悟。《心灵奇旅》的导演彼得·道格特以个人的经历现身说法："我记得有一天我骑自行车的时候，停下来摘了一颗树莓。它被太阳晒暖了，是我吃过的最美味的树莓。我至今仍然清晰地记得那个几乎毫无意义的时刻。"

我们生命中的任何一个超然时刻，都让我们深深体验到我们

能"活过"。意义不是事情本身,而是过程,是对事情的激情。当我们安静下来,投入了最普通的生活,完全沉浸在之中,才是真正地解放了身心。活着本身就是一种奖赏,我们要找的东西往往就在眼前,这需要我们的意识觉醒。法国小说家马歇尔·布鲁斯特写道:"真正的发现之旅,不在于寻找新的风景,而在于拥有新的眼光。"

觉察是一种意识,当你有觉察的意识之后,就像 Joe 在实现了跟他喜欢的女歌手同台演唱的时候,他说:"为这一天我等了一辈子,我以为我会有所不同。"女歌手说:"我听过一条鱼的故事,它游到一条老鱼旁边,说:'我们要找到他们称之为海洋的东西。''海洋?'老鱼问,'你现在就在海洋里啊。''这儿?'小鱼说,'这儿是水,我想要的是海洋。'"

为什么小鱼身在海洋,却感受不到?因为觉醒对于我们来说是一个漫长的探索旅程。Joe 的转变发生在他演奏爵士乐的时候,感受到意义的非凡,而这一刻也很普通,平凡的事物变得不平凡的原因是因为我们沉浸地投入。觉醒是通过体验来实现的,而这种体验是自然的浮现,它无法被追求获得。静下来,是最重要的体验方式之一。

《家庭的觉醒》中说道:"静默是我们生命中被开发利用的最少力量之一。我们许多人很害怕它,以为它毫无意义,因为它意味着无所作为。静默的状态让很多人觉得不舒服,不仅因为它与我们从小到大所信奉的要保持忙碌和有所作为相违背,还因为它让我们痛苦地面对'真我'应该有的样子——空无一物。"

第 18 章 爱的能力：从混乱走向平静

所以，我们不断去社交，不断去结识人脉，也不断地创造成就，哪敢让自己去感受寂寞？

可是越匆匆，就越疲惫。《心灵奇旅》中 Joe 静静的那些时刻，仅仅那几分钟的专注，让他觉察到他生命中最重要的是什么，是与自己的联系、与他人的联系。外在的成就会迷惑着我们，一旦如果我们失去了和自己的链接，和他人的链接，我们其实一无所有。我们心里没完没了的躁动总是制造迷茫和慌乱，静默让你从外在和内心慢慢地沉淀到平静，去听自己心里想说的话。通过每天的练习，这些噪声会一点一点去除，我们内心真正的声音会浮上来。

你会发现，当你安静下来，那些与孩子之间相处的开心或者是焦躁的时刻，都有更好的体验。

孩子砸小提琴，我们揭竿而起还是选择沉默

我的好朋友刘薇曾说起女儿糖糖拉小提琴的故事："下午放学后糖糖上完小提琴课，又赶着上了英语课，8 点上完课后我又带着她去买了新凉鞋，所有的弄完回到家已经 10 点，按以往这个点钟一定是睡觉了。可到家的那一刻我才想到，琴没有练、卡没有打，还要洗澡读绘本，如果都做完，肯定要一个小时。这些"规定动作"一个也不能少，这个时候的我肯定是着急得不要不要的。

"最近小提琴在改练习方式,她很不适应,所以练琴就会各种拖拖拉拉,等我把里面所有准备睡觉的东西都整理完出来,她还没开始练习。我各种着急的口气就来了,心里也是各种对抗,可是越催她越不动,而我自己明知方法已经不对,可那会儿就执着在时间上,就想赶紧把事情弄完。就在我转身想去帮她打开节拍器时,听'哐当'一声小提琴掉地上了,我第一反应就是她不愿意练琴,摔了小提琴,火一下就上来了。我发现我瞪过去的时候,爸爸也用眼睛瞪向了糖糖,我想当时我俩的目光一定很可怕,因为糖糖立即大哭起来。

"当下我和爸爸没有说一句话,好默契。我走进了房间,让自己先平静下来。爸爸帮她拿起小提琴,说:'小提琴不可以摔哦,这是爸爸妈妈送给你的第一把琴,摔一次它的声音就不会好听一次。'我在房间里面深呼吸,努力让自己安静下来,也在想一会如何跟她沟通,这时外面响起了琴声,也伴随着抽泣声。我打开门看到爸爸陪着她开始练琴,练完后爸爸拥抱了她,并且跟她说:'对不起宝贝,我想刚才我的眼神吓到了你,你才哭的对吗?'糖糖拼命点头。

"'爸爸是因为担心小提琴,而且觉得你这样摔小提琴的行为很不好,但爸爸也做错了,不该用这样的眼神,爸爸道歉,你能原谅爸爸吗?'我看到他们父女俩的和解很欣慰,爸爸能第一时间去担当陪练角色,又能自我检讨,确实缓解了刚才的气氛。我走过来,抱着她,开始给她讲绘本,接着关灯和她躺下。'糖糖,妈妈想跟你聊聊可以吗?'我开口说道,没想到我话音刚

第 18 章 爱的能力：从混乱走向平静

落，就听到：'妈妈，我不想再学小提琴了！'同时感觉被子里的她明显缩了一下。

"我：'宝贝，妈妈知道你不是不想学小提琴，是不想练小提琴，对吗？'

"黑暗中，她没有回答，身体也没有动，我知道我说对了。'妈妈跟你一样呢，你说我们怎么都一样呀！'说完用手挠挠她，'小时候，姥姥姥爷也送了妈妈一架钢琴，我喜欢钢琴的声音，可是我一点也不想练琴，一点也不想每天都练！'

"'真的吗？'听到她立刻回应，我就开始想象着她的感觉，继续：'是啊，跟你现在一模一样呢，每天练重复的曲子不想练，有时候很难的时候也不想练，有时候想玩的时候更不想练。'她很安静，甚至比平时读绘本时还安静。'可是那个时候别人都没有钢琴可以弹，我却有姥姥姥爷送我的琴，我就每天坚持一点点，坚持到现在我可以弹好多好听的曲子，宝贝，妈妈相信你也可以的。'

"突然，小小的一个声音：'我没有摔它，是不小心掉下来的。'我又惊又喜：'什么，妈妈没听清。''我没有摔小提琴，是我没站稳它掉下来了。'她一下坐起来说完了这句话，我突然想到她那会儿磨磨蹭蹭躲在窗帘背后绕来绕去，真是有可能拿不稳琴。原来是这样，原来我和爸爸误会她了，我抱紧她，用力亲她：'太棒了！宝贝，妈妈就知道你喜欢爸爸妈妈送你的小提琴，妈妈陪你一起坚持！'

"那个晚上，糖糖睡得很晚，我看了一下表已经 12：16，可那又怎样呢，母女俩的冲突就这么解决了。第二天，糖糖一回来就开始练琴，还自己画了一幅小提琴图。后来给糖糖录 416 天打卡的时候，她在讲钢琴的故事，她说：'我妈妈的妈妈和爸爸也送给她一架钢琴，她也不喜欢练琴，可她坚持了，坚持就可以弹很好听的音乐。'哇，那晚的故事她竟然记得，而且还能当成如何弹好听的声音时被举例说出来，在旁边举着手机的我默默低下头笑了。"

在听到小提琴摔倒地上的时候，刘薇和老公很默契安静了，不是大吼大叫，而是安静下来，给情绪一些空间，刘薇选择冷静自己，老公选择陪伴孩子，无论哪种选择，都是安静下来之后的呈现，给孩子稳稳的支持。

● 不用到处寻找方法，就在所在的地方静下来成为爱

也许你会问，要是孩子故意把小提琴摔倒地上呢？我会说 5 分钟之内，不要说话。要是孩子不收拾玩具，喊了几声也没动，我该怎么做？我会说 5 分钟之内，不要说话。要是孩子吃零食不想吃饭，怎么办？我会说 5 分钟之内不要说话。要是他考试之前不复习，考试粗心没考好呢？还是 5 分钟之内不要说话。要是写作业磨磨蹭蹭，一会儿玩橡皮，一会儿喝水上厕所，一会儿又玩笔，总该说几句吧？依旧 5 分钟之内不要说话。

第 18 章 爱的能力：从混乱走向平静

你可能觉得这是什么怪方法，怎么可能管用？如果不说话，孩子会认为我们同意他们这些行为，甚至觉得我们好欺负，越发不在意我们说的话，这些坏行为更会持续下去。5分钟之内不说话，并不是意味着我们不采取行动，而是我们要保持觉察，给自己留有足够的空间去处理内在的情绪。一杯水摇一摇的时候，水中杂质疯狂乱转，当把水杯放到桌子上，杂质慢慢旋转、沉淀，水逐渐清澈。

静能生慧。我们安静下来之后，智慧才会慢慢浮现，只要我们给自己足够的空间，就会有智慧觉察到如何去做出更好的改变。所以，这静下来的几分钟是你送给自己的礼物，在等待最佳方法的出现。

有一次，我回家开门，Mike 跑到我面前小声说："妈妈，点读笔我弄丢了。"啊？那个点读笔是花了 2 300 元钱买的一套教学套装的一部分，套装全凭点读笔来给孩子读汉字、读英文，而现在 Mike 告诉我点读笔丢了。我都不想相信这个事实，我说："真的吗？真的丢了吗？"他点点头，不说话，我也没有说话，感受到内在各种的情绪在涌出来：急躁、悲伤、失望、心疼……

这时，Mike 说："妈妈再买一个不就行了吗？"我回答说："我不买。"他说："妈妈你真小气。"我："是的，我是一个小气的妈妈。"Mike 说："你这么小气，那我去别人家去了。"说着就假装穿鞋出门。我没有说话，婆婆实在是看不下去了，开始大声训斥："你妈妈说你一下你就要离家出走，是你自己把东西弄丢了，你还怪妈妈不给你买，这还得了，这像什么话，你应该好好反省自己，而不是怪妈妈。"

空气一度凝固，我不说话，爸爸也不说话。我想我得安静一会儿，因为我感觉心里很烦很乱，所以去洗了个澡，洗澡出来，外面的吵闹也逐渐恢复了平静，而我的感觉也平静多了。我看Mike站在那里，不说话。我说："我们聊聊吧。"我把Mike带到房间，说："点读笔丢掉了这个事情发已经发生了，你把它弄丢了，我很难过，因为这个是妈妈花了很多钱买的。"他："妈妈我也很难过，我感觉心都快碎了，心里面还出现了一条裂痕。"

我看着他，惊讶于他可以把感受说得如此细腻。我继续："每个人都会犯错误，重要的是我们从这个错误当中学到了什么。你把点读笔弄掉了，从这个事情当中我们学到了什么呢？"

他说："我学到了：第一，不应该把点读笔带出去；第二，不能看到什么就往上面凑；第三，不能把点读笔埋进草里面。"我想平时练习的演讲，居然在这个时候用到了。我拉着他的手，说："是的，妈妈学到了下次出门前一定要多次提醒你要把玩具带回来。我们是要好好地珍惜玩具，妈妈看到你在客厅的地上很多玩具，桌子上也有很多，你觉得要珍惜玩具，你下一步要做什么呢？"

Mike说："我要收拾玩具，但是玩具太多了，妈妈我可以先收拾地上的玩具，可以吗？"我说："可以，那你去收拾吧。"于是他小跑着去收拾了。解决问题的过程可以锻炼到孩子的能力，错误是最好的学习机会，痛苦是提醒我们可以怎样让彼此成长。在这短暂而又关键的静默时间，我们可以走出自己关注的焦

第 18 章　爱的能力：从混乱走向平静

点，走出狭隘的心胸，转而让内心的智慧呈现。

可能你需要的静默不止 5 分钟，甚至时间更长，但是无论如何，当我们在混乱的时候，先安静下来。我们将会更有同理心，更加勇敢，心更加清澈，而这些感受会引领着我们走进孩子的内心，和孩子深深链接。这种静默的力量会让我们去跳出自己的感受，去听到孩子说了什么，怎么说的。在安静下来之后，这些觉察就会被唤醒，我们才能真正与孩子感同身受，明白他们需要什么，需要我们支持他们什么。

这种对孩子内心需求的看见，会让孩子内心更有归属感和安全感。他们会觉得无论他做了什么，我们都会爱他。因为我们爱的是孩子整个人，而不是他的行为。一天吃早饭的时候，Mike 突然抬起头，咕哝一声："妈妈，你不喜欢我。"我疑惑地说道："我喜欢你啊，我怎么可能不喜欢你。"Mike 解释道："哎呀，我说的是你不喜欢我看电视这个行为，是行为。"我哑然，原来我说的什么他都记得，"是的，你说得对。"孩子就是我们身边的哲学家，乐观，积极，投入当下，提醒我们常常要觉察。不要到处去寻找方法解决问题，而是静下来，就在所在的地方，成为爱。

● 丰盛花园：花点时间来享受时间

无论你怎么计划，这个世界自有计划。我们曾狂热地为自己和孩子设置很多的时间表，忘了为自己和孩子预留时间。预留时间本身就是一门艺术，一位觉醒的家长不会把什么都没做的时刻看成没有用的，而是这些时刻，我们需要和孩子沟通交流，让孩子认识到生活中不只有学习，也不只有玩耍，这中间有很多空档。

花点时间来享受时间，虽然同样是花时间，但却可以获得不同的感受。举个例子，《西游记》中孙悟空偷来的人参果，3000年开花，3000年结果，3000年成熟，这9000年的美味猪八戒一口吞下去，愣是没吃出人参果的滋味，不知道好在哪儿。食物的美味本来是来自自然，我们从中感受到春秋冬夏的时光流转，感受到生机勃勃的生命绽放。花时间来享受时间的过程，也是对生命的礼赞。

每一个种子的成长都需要自己的时间，我们如此，万物如此。别赶路，而是感受路，为自己和孩子找到这些时刻，享受这涓流和微光。它可以是你和孩子一起享受美食的时刻；可以是在你接孩子放学回家的路上；也可以是周末你不选择开车而是选择和孩子手拉着手，等一辆公交车的时候；可以是你陪着孩子看到萝卜田里留下来做种的萝卜，开出一片宝蓝色的花；可以是看见孩子向你张开双手奔跑过来，被你紧紧抱在怀里腻歪的时光。

生活的美好，其实和钱多钱少并没有太大关系，而是在于内心的感受。如果我们能够花点时间去享受时间，我们会和孩子更敏锐地感受到人生的幸福。这些安静的时光最柔软，也最有力量，也是最恒常的。林清玄在《你心柔软，却有力量》当中说道："在有情的心灵中，不需要说话，也可以互相印证。"

第 18 章 爱的能力:从混乱走向平静

有的人在满山蝉声的树林中,也听不见蝉声,有人在闹哄的市集里走着,却听见了蝉声。花点时间享受时间,是为了让心灵被喜悦洗礼。洛根·皮尔索·史密斯在短短一句话中注入了大量的智慧:"人生目标有二:其一,得你所想;其二,享你所得。只有最具智慧的人才能做到第二点。"感受幸福需要有意识的努力,这也需要花时间。耶鲁大学认知心理学教授桑托斯介绍了五种方法来不断练习:

第一,写一张感恩清单。

第二,睡得更多、更香。

第三,冥想。

第四,花更多时间与家人和朋友在一起。

第五,少用社交媒体,多建立真实联系。

所以接下来,请你写一下孩子带给你的欢乐,感恩他们来到我们的生命中,具体写下10点,好好感受那些被你忽略的时刻,写完你会发现,幸福满溢。

花点时间来享受时间吧!感恩孩子带给我们的欢乐:

① 感恩孩子(   )

② 感恩孩子(   )

③ 感恩孩子(   )

④ 感恩孩子(   )

⑤ 感恩孩子(   )

⑥ 感恩孩子(   )

⑦ 感恩孩子(   )

⑧ 感恩孩子（　　　　　　　　　　　　　　　　）
⑨ 感恩孩子（　　　　　　　　　　　　　　　　）
⑩ 感恩孩子（　　　　　　　　　　　　　　　　）

把注意力放到自己的内心上，就会发现生活的无穷层次。邀请你一起，带着孩子，安心当下，感受美好，因为这是人间值得。